100 군데
달성의 매력

대구의 뿌리 | **10**
달성 산책

100 군데
달성의 매력

초판 1쇄 발행 2017년 12월 29일

기획 달성문화재단
사진 김대식 **글** 김채한
펴낸이 홍기원
편집주간 박호원 **총괄** 홍종화
편집·디자인 오경희·조정화·오성현·신나래
　　　　　　김윤희·이상재·김혜연·이상민
관리 박정대·최기엽
펴낸곳 민속원 **출판등록** 제18-1호
주소 서울시 마포구 대흥동 337-25 **전화** 02)804-3320, 805-3320, 806-3320(代) **팩스** 02)802-3346
이메일 minsok1@chollian.net, minsokwon@naver.com
홈페이지 www.minsokwon.com

ISBN 978-89-285-1152-5 94080
　　　978-89-285-0834-1 set

ⓒ 김대식, 2017
ⓒ 민속원, 2017, Printed in Seoul, Korea

저작권법에 의해 한국 내에서 보호를 받는 저작물이므로 무단전재와 복제를 금합니다.
이 책 내용의 전부 또는 일부를 이용하려면 반드시 저작권자와 민속원의 서면동의를 받아야 합니다.

※ 책 값은 뒤표지에 있습니다.
※ 잘못된 책은 바꾸어 드립니다.

대구의 뿌리
달성 산책 | 10

100 군데
달성의 매력

사진 김대식
글 김채한
기획 달성문화재단

민속원

100 군데 달성의 매력

어제에 이어 오늘도 비슬산에 올라간다. 어제의 일몰 풍경은 보기에는 아름다웠지만, 빛이 너무 강해 렌즈 특성상 플레어가 발생하면서 좋은 사진이 나오지 않아서다. 오늘은 서쪽 하늘 아래에 연한 구름도 걸려있어 잔뜩 기대하며 대견사 삼층석탑을 전경에 두고 삼각대를 펼친다.

니콘 D5 카메라에 니코르 AF-S 24-70mm F2.8 렌즈를 끼우고 구도를 잡으니, 24mm가 적정이다. M 모드에서 WB는 오토, ISO 100, 조리개 F11로 설정하고, 측광은 습관대로 spot에 설정하여, 태양 근처에 측광한다. 카메라 가방에서 사각 그라데이션필터를 꺼내, 렌즈 앞에 대고 노출계 눈금을 보면서 1/3 stop 언더로 셔터속도를 설정한 뒤 RAW파일로 촬영한다. 촬영한 영상을 확인해보니 결과물이 어제보다 훨씬 마음에 든다. 다시 장소를 옮기면서 몇 컷 촬영하니 낙조가 끝이 나고, 사방이 어두워지며 내려가는 마음이 바빠진다.

여기까지 어느 날의 촬영일지다. 나름대로 열심히 다녔지만 항상 미련이 남는 게 사진 촬영인가 보다. 사진이란 게 항상 이렇다. 달성문화재단의 의뢰를 받고서 2014년 달성개청 100주년 기념으로 발행된 '100년 달성, 달성100選' 책자를 지표로 삼아 나름대로 시기에 맞는 달성군의 명소와 행사에 다니며 촬영했는데, 촬영하며 늘 느끼는 점은 달성군만큼 아름다운 산수와 역사적인 장소가 있으면서도, 다사·유가같은 신도시가 눈부시게 성장하는 곳이 있을까하는 생각이 새삼 들었다. 10여 년 전에 촬영했던 사문진, 화원동산, 마비정 풍경과 비교하면 그동안 많이 변해왔다는 것을 알 수 있다. 그리고 불과 몇 년 사이에 공연이나 문화강좌에 오는 젊은 층이 많아진 것을 보고 달성이 젊은 도시라는 말이 실감난다.

변화무쌍한 풍경의 변화 중 가장 아름다운 장면을 담아내지 못하는 것 같아 언제나 아쉬운 생각이 든다. 특히 금년엔 가뭄이 심해 저수지·낙동강에 수량이 적었고, 녹조도 보여서 아쉬움이 컸다. 도동의 물도리를 촬영하기 위해 몇 번이나 고령군 개진면과 우곡면에 찾아가서 포인트를 알아보았고, 어느 산 위에 올라가서 촬영해 보았으나 화각이 마음에 들지 않았다. 결국 나중에 드론을 구입해 결과물을 얻었던 기억이 난다. 100여 포인트의 다양한 사진을 촬영하려다 보니 항공촬영의 아쉬움이 커서, 자그마한 드론을 구입한 것이다. 어느 날에는 높은 나무에 날개가 걸려 사다리차를 부른 적도 있었는데, 추락해 파손되지 않은 게 다행으로 생각되었다.

사진을 찍으며 풍경사진의 대가인 '언셀 애덤스'가 한 말을 자주 되새겼다. "모든 사진 속에는 항상 두 사람이 존재한다. 사진가, 그리고 감상자". 이처럼 나름대로 감상자를 많이 의식하며 촬영해본 한 해였다.

2017.12

김대식

목차

100 군데 달성의 매력 4

100 군데 달성의 매력_13

1. 비슬산   13
2. 비슬산 일출   18
3. 비슬산 참꽃   20
4. 비슬산 운해   25
5. 비슬산 설경   26
6. 비슬산 암괴류   30
7. 대견사와 삼층석탑   34
8. 자연휴양림   40
9. 상성폭포   42
10. 비슬산 능선 길   45
11. 비슬산 낙조   46
12. 낙동강   50
13. 달성보   54
14. 강정보   57
15. 낙동강 물문화관 '디아크(The ARC)'   58
16. 달성습지와 하빈지   62
17. 화원동산   66
18. 사문진나루 주막촌   68
19. 요트와 조정경기   71
20. 사문진 낙조   72
21. 구지 물 도리   74
22. 비슬산 둘레길   76

23. 낙동강 자전거 물레길 78
24. 비슬산에서 만난 낙동강 81
25. 옥포 벚꽃 82
26. 이달박 10리 벚꽃 길 84
27. 가창 정대 벚꽃 길 86
28. 달창저수지와 벚꽃 88
29. 가창댐 90
30. 송해공원·옥연지 92
31. 구지 오설리 연꽃 96
32. 젊어지는 도시 98
33. 진천천 생태공원 100
34. 옥포 교항리 이팝나무 103
35. 도동서원 은행나무 104
36. 현풍초등학교 108
37. 국립대구과학관 110
38. 대구경북과학기술원(DGIST) 114
39. '100년 타워'와 달성군청 117
40. 가창 미술 코스 118
41. 달성문화재단 120
42. 달성문화원 127
43. 달성군립합창단 128
44. 달성군 마을깃발(95개 법정동) 130
45. 유치곤장군 호국기념관 132
46. 대니산 패러글라이딩 134

47. 가창 대림생수   136
48. 옥포 신당 수박   138
49. 옥포 교항 · 하빈 참외   140
50. 논공 토마토   142
51. 유가 찹쌀   144
52. 세계유일 지능형 자동차부품시험장   146
53. 트랙터와 다목적관리기   148
54. 녹동서원   150
55. 도동서원   152
56. 인흥서원 명심보감판본   156
57. 예연서원   158
58. 이강서원   160
59. 낙빈서원   162
60. 현풍향교   164
61. 하목정   169
62. 삼가헌   172
63. 육신사   174
64. 현풍곽씨 12정려각   176
65. 서흥김씨 종가   178
66. 현풍곽씨 종가   180
67. 순천(묘골)박씨마을   182
68. 남평문씨 본리세거지   184
69. 조길방가옥   188
70. 현풍사직단 사직제   190
71. 비슬산 참꽃문화제   192
72. 달성 100대 피아노   194
73. 강정 대구현대미술제   200
74. 달성전국소싸움대회   204
75. 마비정 벽화마을   208

76. 용연사   210
77. 유가사   212
78. 소재사   214
79. 남지장사 · 청련암   216
80. 왕쉰고개   221
81. 고인돌   222
82. 현풍 석빙고   224
83. 성산리 고분군   226
84. 문산리 고분과 나루터   228
85. 400년 전 곽주부부 편지와 옷   230
86. 달성 인문학 총서   232
87. 사효자굴   233
88. 마천산 봉수대   234
89. 초곡산성   236
90. 다사12차진굿   238
91. 설화리 상여소리   242
92. 하빈 들소리   246
93. 이천농악   248
94. 성악중창페스티벌   250
95. 정월대보름 달집태우기   254
96. 천왕당과 부덕불   256
97. 텍폴맘   258
98. 화원시장 · 현풍시장   260
99. 달성의 맛과 하향주   264
100. 달성아리랑   268

100 군데
달성의 매력

100 군데
**달성의
매력**

100 군데
달성의 매력

100 군데 달성의 매력

1. 비슬산

'팔만대장경'에 "산은 마음의 고요와 고상함이요, 큰 산은 높은 덕이 솟은 것 같다"고 했다. 이미 하늘과 땅 사이에 있으면서 두 세계를 반씩 아우르는 산의 위대함. 그 산에 오르면 오늘의 우리들도 마음의 고요와 높은 덕으로 내일의 비전을 이루려 꿈꾼다. '문여하의서벽산問余何意栖碧山 소이부답심자한笑而不答心自閑'. 시성 이백의 '산중문답山中問答'에 나오는 구절이다. 산이 좋아 산에 깃들이는 연유를 그저 웃을 수밖에 없다는 것. 요즘 비슬산에 오르면 누구에게나 이백의 이런 웃음들이 입술로 절로 배어든다. 비슬산이 새로운 명산으로 떠오르고 있다.

대구를 남과 북에서 팔공산과 함께 감싸 안으며 당차게 솟은 비슬산은 해발 1084m. 우리나라에서 가장 아름다운 참꽃군락지로 유명하지만 일연스님이 '삼국유사'를 구상하며 뼈대를 세운 명산으로 더 알려져 있다. 비슬琵瑟. 산 정상의 바위 모습들이 신선들이 비파나 거문고를 타고 있는 것 같다고 해서 붙여진 이름이다. 일설에는 신라 때 산세에 감탄한 인도승들이 다녀간 후 범어 발음 그대로를 소리로 옮겨 한자로 표기했다는 것. 이를 한자로

쓰면 뜻이 포匏라고 해서 비슬산을 일명 포산이라고 불리는 연유다. 그래서인지 인근 지역에서는 포산이라는 이름이 학교 등에서 널리 애용되기도 한다.

최근에는 뭐니 해도 '비슬'이라는 한자어 속에 임금 왕王자가 네 개나 있어 네 임금의 탄생이라는 입소문까지 곁들여 은근히 비슬산을 찾는 이들의 입가를 미소 짓게 한다. 지금까지 임금이 몇 탄생했느니 앞으로 몇 명이 더 탄생하느니 사람들 서로마다 셈법이 다르다. 전국에서 비슬산을 찾는 등산객과 대견사 참배객, 관광객들이 해마다 늘어나는 까닭도 그저 웃을 수밖에 없는 일이지만 그렇더라도 임금을 두고 이런 셈법은 얼마나 즐거운 일인가.

세계적인 희귀 암괴류 골짝 사이로 봄의 참꽃과 가을의 억새는 최고다. 저 아래 유유히

굽이치는 낙동강과 함께 달성의 모산으로 오늘에 우뚝 솟은 비슬산. 개청 100주년을 서너 해 지난 달성군으로서는 여간 든든한 산이라 하지 않을 수 없다. 한동안 비슬산 최고봉을 대견봉으로 잘못 불렸었지만 최근 이름을 되찾은 천왕봉에는 다가온 새로운 100년의 정기를 연일 내뿜듯 달성은 지금 희망차다.

2. 비슬산 일출

비슬산에 아침 해가 떴다. 정갈하고 맑은 해. 마음이 곱지 않으면 만날 수 없다는 비슬산의 일출이다. "해야 솟아라, 해야 솟아라, 말갛게 씻은 얼굴, 고운 해야 솟아라, 산 넘어 산 넘어서 어둠을 살라 먹고. 이글이글 앳된 얼굴 고운 해야 솟아라". 청록파 시인 중 한사람이었던 박두진의 '해'라는 시의 첫 구절이다. 상상력의 대가 가스통 바슐라르도 이런 해를 '하늘의 눈'이라고 했다. 방금 물 속에서 씻겨 나온 듯하다. 장대하고 흔쾌한 달성의 아침 해다. 비슬산의 아침 해다. 아침 해는 저 멀리까지 이어진 촘촘한 산맥의 이음에도 아랑곳 않고 늘 힘차게 솟는다.

2. 비슬산 일출

3. 비슬산 참꽃

우아! 탄성 부러지는 비슬산 참꽃. 붉다. 그냥 붉은 게 아니다. 진행의 느낌을 주는 색이다. 액티브하고 집중성이 강한 색감. 무병장수와 제액을 기원하는 우리의 오방색 중 적赤. 그런 붉음에 비슬산 참꽃은 우리네 전통 색과 너무 닮았다. 아이들의 색동옷이다. 까치두루마기에도 어김없이 참꽃 같은 붉음이 들어 있다.

    괴테도 붉은 색은 고상한 품위, 호의와 우아함을 준다고 그의 '색채론'에서 말하고 있다. 또 괴테는 "색은 감정을 갖고 도덕성을 겸비하고, 언어처럼 말을 하고, 대중이 알아차릴 수 있는 상징을 가지고 있다"고도 했다. 우리나라에서 자생 참꽃 밭으로는 가장 방대한 넓이를 지닌 비슬산 참꽃 밭은 자그만치 30여만 평. 봄날 흐드러진 참꽃 밭을 거닐다보면 정말 참꽃이 언어를 구사하듯 우리들이 능히 알아차릴 수 있는 감정의 말들을 쏟아 내고 있는 환상에 빠진다. 그 현란한 언어의 구사력. 명화 마티스의 '붉은 조화'에서도 느껴보지 못하는 색감이다.

    그렇지만 워낙 고도가 높은 지역의 참꽃 밭이다. 달성군이 해마다 엄청난 노력을 들이

기에 오늘의 비슬산 참꽃 밭은 여전히 우아하고 붉다.

시인 김춘수의 '꽃'이라는 시의 둘째 연. "내가 그의 이름을 불러 주었을 때/ 그는 나에게로 와서/ 꽃이 되었다", 그 꽃에 '비슬산 참꽃'을 대입해 본다 "내가 그의 이름을 비슬산 참꽃이라 불러 주었을 때/ 그는 나에게로 와서/ 비슬산 참꽃이 되었다". 그런 비슬산 참꽃이다.

3. 비슬산 참꽃

100 군데 달성의 매력

4. 비슬산 운해

구름은 비와 바람과 더불어 자연의 순조롭고 당연한 조화로움을 상징해 왔다. 비슬산에는 흔히 구름이 바다를 이룰 때가 많다. 층운層雲. 안개구름이다. 솜사탕보다 더 훨씬 부드러울 때도 많다. 결코 솜털 같은 가벼움은 어림없다. 밀란 쿤데라의 베스트셀러 '참을 수 없는 존재의 가벼움'은 이기적이지만 비슬산의 구름은 보는 순간 이타심의 푸른 용맹이 솟구친다. 구름 사이가 떨어질 때 푸른 하늘도 마다치 않는 의미는 참을 수 있는 존재감으로 다가온다는 뜻일까.

    구름은 만물에 혜택과 무아를 가르친다고 백운거사 이규보는 읊었다. 그러면서 구속되지 않는 모습과 측량할 수 없음, 군자 같은 거동, 지사의 취미 같음을 언급하며 구름을 사랑하고 그의 덕을 배우라고 했다. 어느 산인들 구름 없을 소냐. 그래도 비슬산 구름바다는 의젓한 선비마냥 장쾌한 운율을 느낄 수 있어 좋다. 그 구름바다에 가슴을 맡기고 큰 숨 들이쉬면 모두가 대장부의 기개를 닮는다. 나의 존재를 느낀다.

5. 비슬산 설경

비슬산에 올 들어 첫눈이 내렸다. 가을 낙엽이 그 멋들어진 누런 흥취를 채 삭이기도 전에 내린 눈이어서 양이 많지가 않다지만 어느 폭설보다도 더한 질감은 바탕에 여전히 깔린 낙엽 탓이리라. 낙엽은 결코 고독하지도, 죽지도 않는다는 이어령 교수의 글귀에서도 느껴지듯 그런 낙엽 위에 내린 첫 눈의 생명력이 더없이 아름답다. 희끗하며 어릿한 상고대에 맺힌 우주 만물의 기운은 또 다시 새로운 생명의 기운을 잉태하려나 자못 신비롭다.

흰 눈은 생명을 보호해 준다. 생명은 눈을 녹이고 나서야 살아날 수 있기 때문이다. 그래서 예부터 우리 선조들은 눈을 많이 그렸다. 특히 눈 덮힌 매화, 대나무, 소나무와 함께 그린 그림들은 미수상락眉壽上樂이라 하여 장수한 위에 즐거움까지 더한다는 뜻이 담겨있다. 비슬산 첫눈도 머리가 세도록 오래 즐거움을 누리는 의미를 지니기는 매화나 대나무나 소나무와 진배없다. 이 탓에 눈 오는 날이면 많은 사람들이 비슬산에 오른다. 오르는 그 까닭이 싱그럽다.

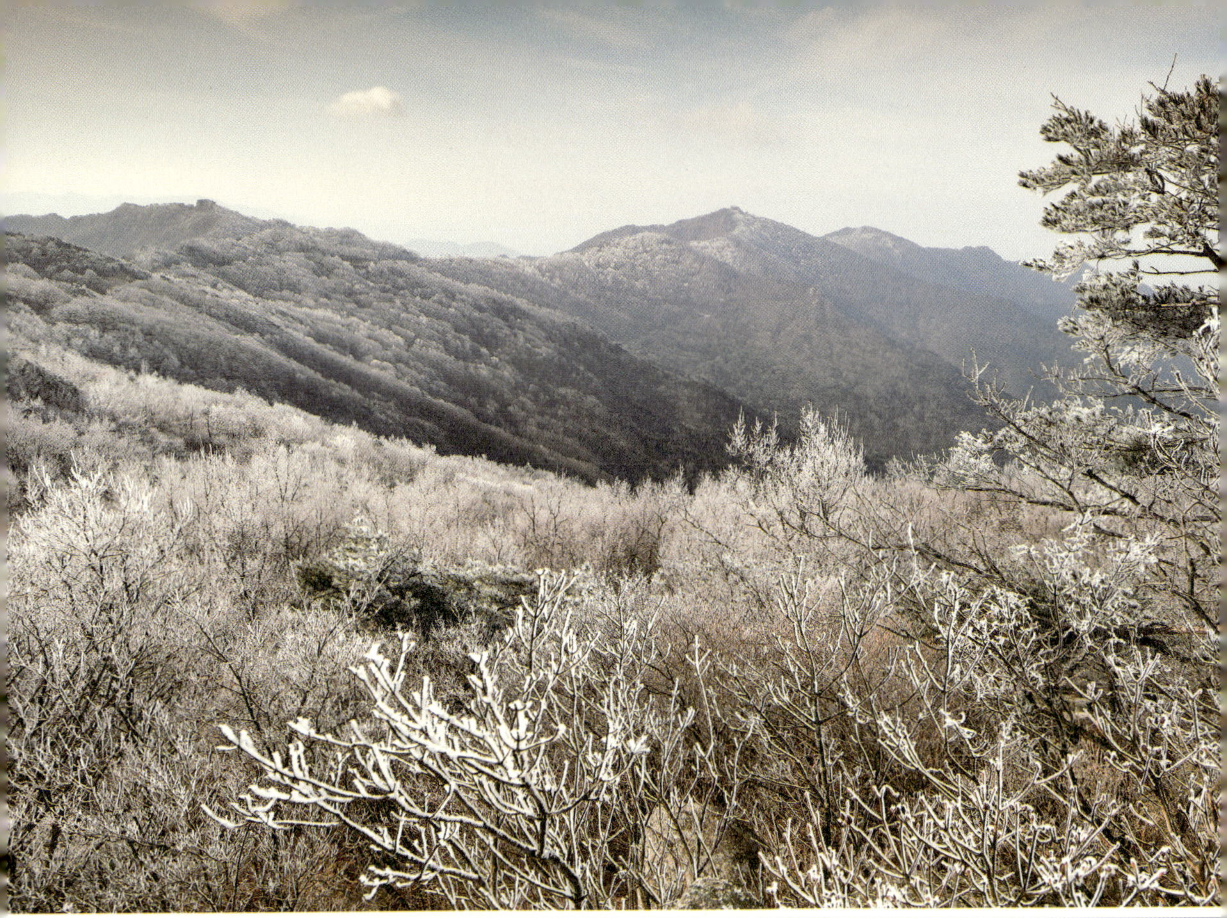
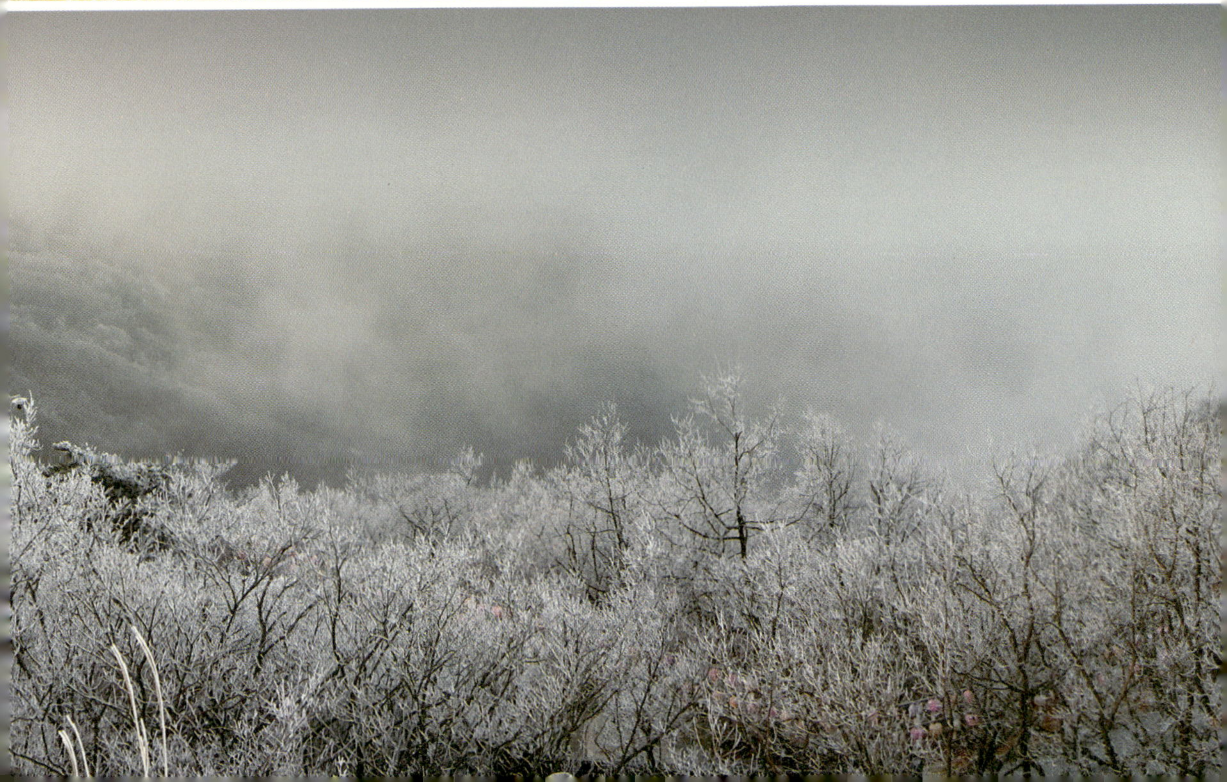

5. 비슬산 설경

6. 비슬산 암괴류

　비슬산은 800m 이상을 올라야 평탄한 길을 만난다. 지질학자들은 비슬산이 아주 먼 옛날에는 현재보다 훨씬 낮고 완만한 구릉지, 다시 말하면 노년기 산이었고 이 일대가 지각의 융기로 지금의 산세를 유지하게 됐다고 한다. 그 때 조성된 대구분지 남부산지의 주체인 비슬산괴의 주봉이 바로 비슬산이라는 것. 그 덕분에 비슬산에는 세계에서도 드문 희귀한 암괴류가 잘 발달돼 있다.

　돌 강 또는 바위 강이라 불리는 암괴류는 빙하기 때 화강암의 동결과 융해를 반복하면서 형성된 지형으로 천연기념물 제435호다. 비슬산의 사면이나 골짜기에 아주 천천히, 마치 도도한 강물처럼 흘러내리면서 쌓인 암괴류는 길이가 2km에 달하는 것도 있다. 물론 폭도 80m에 이르고 두께도 자그마치 5m나 되는 것도 있다.

　학술적으로나 자연 학습적 가치도 높다. 흔히 돌이 많이 깔린 계곡을 너덜 혹은 너덜강이라 부른다. 비슬산에는 이런 배경이라 그런지 바위들에 붙여진 이름들이 아주 절묘하다. 형제 바위, 코끼리 바위, 거북 바위, 스님 바위, 기氣 등이 그런 이름들이다.

　세상에 돌 강이라니. 강이 이런 경사라면 물너울과 물결, 물여울로 우르르 쾅쾅 쨍쨍 야단법석이겠지만 비슬산 돌 강은 그러나 조용하다. 그저 생긴 대로, 있는 그대로, 바람이며 폭우에도 아랑곳 않고 좁쌀에도 못 미칠 만큼의 부피로 자연의 한 부분으로 대만족이다. 그러니 굴러온 돌이 박힌 돌을 뺄 리도 만무하다. 인간의 모습을 천지 사이의 조약돌 같이 생각하라던 장자의 말씀마따나 우르르 쾅쾅 그런 소리를 상상으로, 마음으로만 들을 수 있을 뿐이다.

6. 비슬산 암괴류

100 군데 달성의 매력

6. 비슬산 암괴류

7. 대견사와 삼층석탑

　오랫동안 대견사지로 불렸던 그 터에 비슬산 대견사大見寺가 적당한 모습으로 중창된 것은 달성군의 대단한 원력 덕분이다. 대견사는 절이 창건된 신라 헌덕왕 때부터 중창 때인 조선 태종 2년(1402)까지 보당암이었다. 일연스님이 이곳에 주석하시며 '삼국유사'의 많은 부분을 집필하셨다. 임진왜란 때 왜구들에 의해 불탄 뒤 1900년 대견사로 거듭났으나 1917년 일제가 '대마도의 기를 꺾는다'고 트집을 잡고는 강제로 폐사시켰다. 침략근성이 가득한 참 잔인한 사상을 지닌 왜다.

　나라의 운명과 함께 이런 곡절을 겪으며 100여 년 만인 2014년 대견사는 다시 새롭게 태어났다. 멀리 스리랑카에서 모셔온 부처님 진신사리도 봉안했다. 아담한 당우도 지어졌고, 종각도 세웠다. 신라 때부터 있었던 우물 자리도 발굴해 지금은 콸콸 물줄기마저 예사롭지가 않다. 천천수千泉水라 이름 지었다. 물맛도 그만이다.

　본당 앞마당 널찍한 암반 위에는 이런 내력들을 늘 굽어보며 세상을 내려다보는 삼층석탑이 쪽 빛 하늘과 흰 구름을 머리에 이고 삼라만상의 형통을 지어낸다. 단순하면서도 소박한 석탑. 대구시 유형문화재 제42호. 산 아래를 굽어보기에도 좋은 지점이다. 모두들 산

을 한 바퀴 돌고는 여기서 휴식을 취한다. 흐르는 땀이 줄곧 건강하게만 느껴진다.

병풍처럼 둘러싼 법당 앞 큰 바위. 세상 잊고 좌선하기에 딱 좋은 자리다. 암굴 형태로 그 암굴 오른쪽 바위 표면에는 천도복숭아 모양의 일명 '유가심인도'가 음각돼 있다. 밑이 파괴돼 완전한 형태는 아니라지만 형상으로 보아 유가종과 밀접한 관계가 있으리라는 것이 학계의 조심스런 관찰이다. 몇몇 학자들이 지금도 연구 중이다.

암굴바위 그 위쪽의 석축은 막돌을 그대로 쌓은 허튼 층 쌓기 수법이어서 매우 독특하다. 대수롭게 여기기 쉽다. 자세히 들여다보면 매우 정감이 가는 솜씨를 느낄 수 있다. 몇 해 전 여기서 KBS의 인기 드라마 '추노'가 촬영돼 요즘도 그 드라마를 회상하는 관광객들이 꼭 들르는 코스가 됐다. 지난 2002년 지표조사 중 암막새에서 '대견사'라는 명문이 확인돼 이 절의 연륜을 읽을 수가 있었다. 역사는 이렇게 무서운 것이다.

지난 상념들을 털고 비로소 고개를 들면 훤히 시야가 트인다. 당연히 호연지기를 부려 볼 시간. 비슬산의 정기를 듬뿍 들이마시기에 더 없이 좋은 시각. 나무랄 데 없는 완벽한 기운들이 금방 가슴에 가득이다. 벅찬 감흥. 시원하다. 세상을 훌쩍 뛰어 넘은 심정이다. 명찰에 절승이라더니 대견사를 두고 일러 하는 말 같다. 우리 모두 대견사에서 크게 마음 한 번 먹어보고 좌우나 아래 위를 살펴보면 어떨까. 무엇이든.

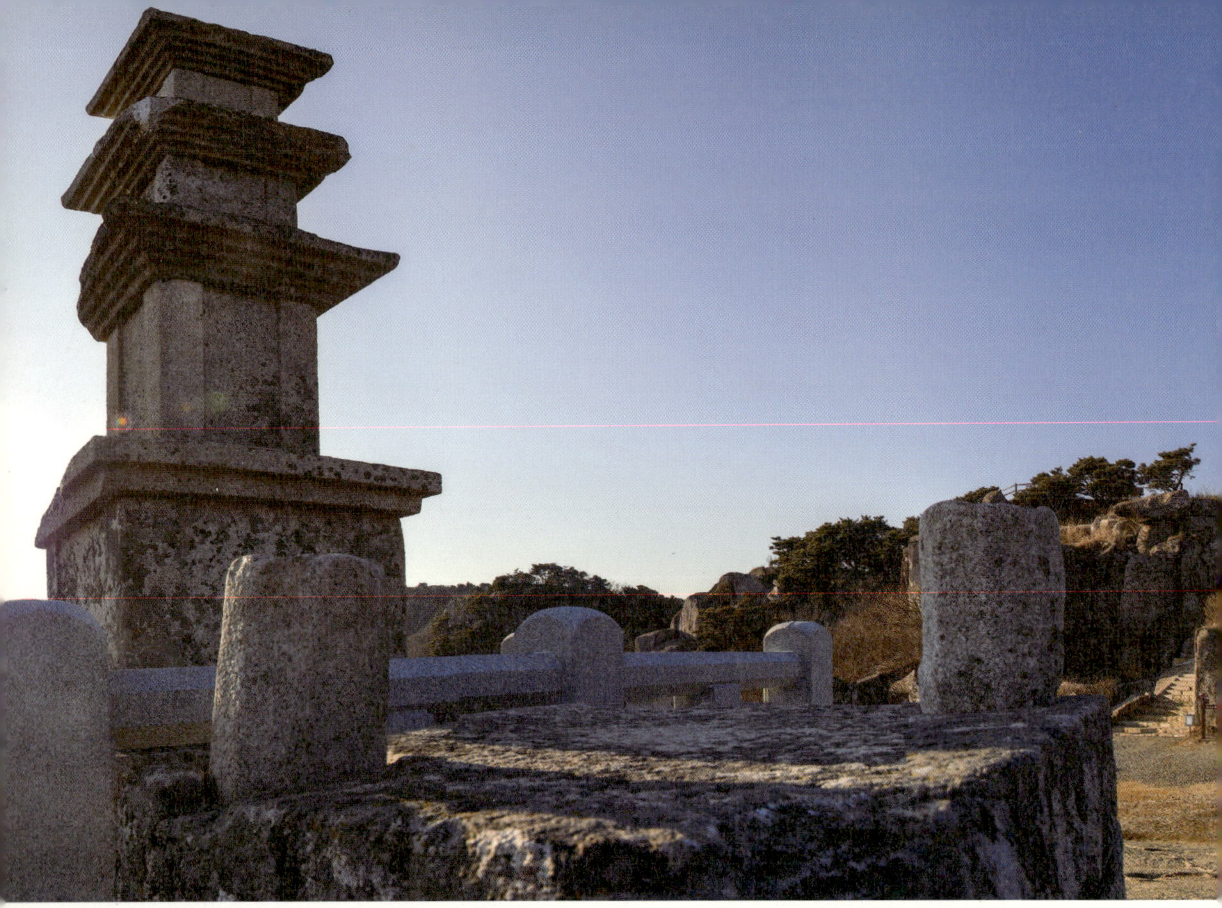
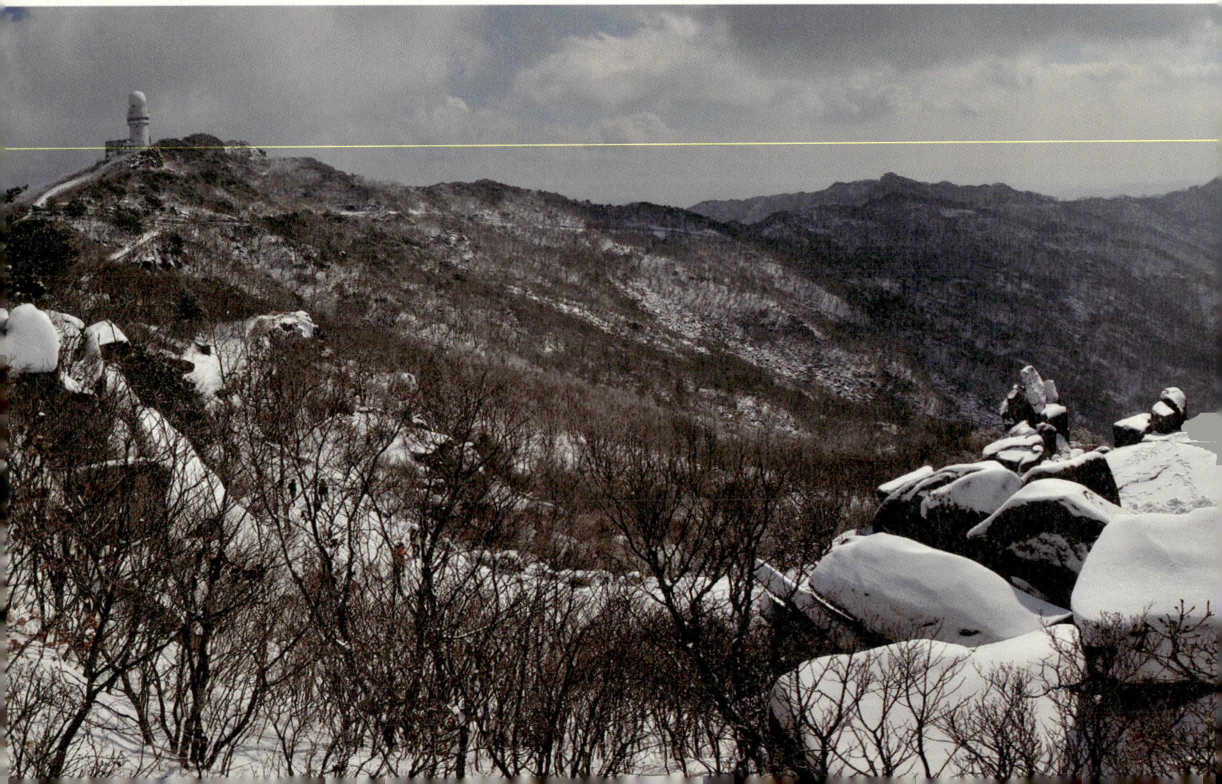

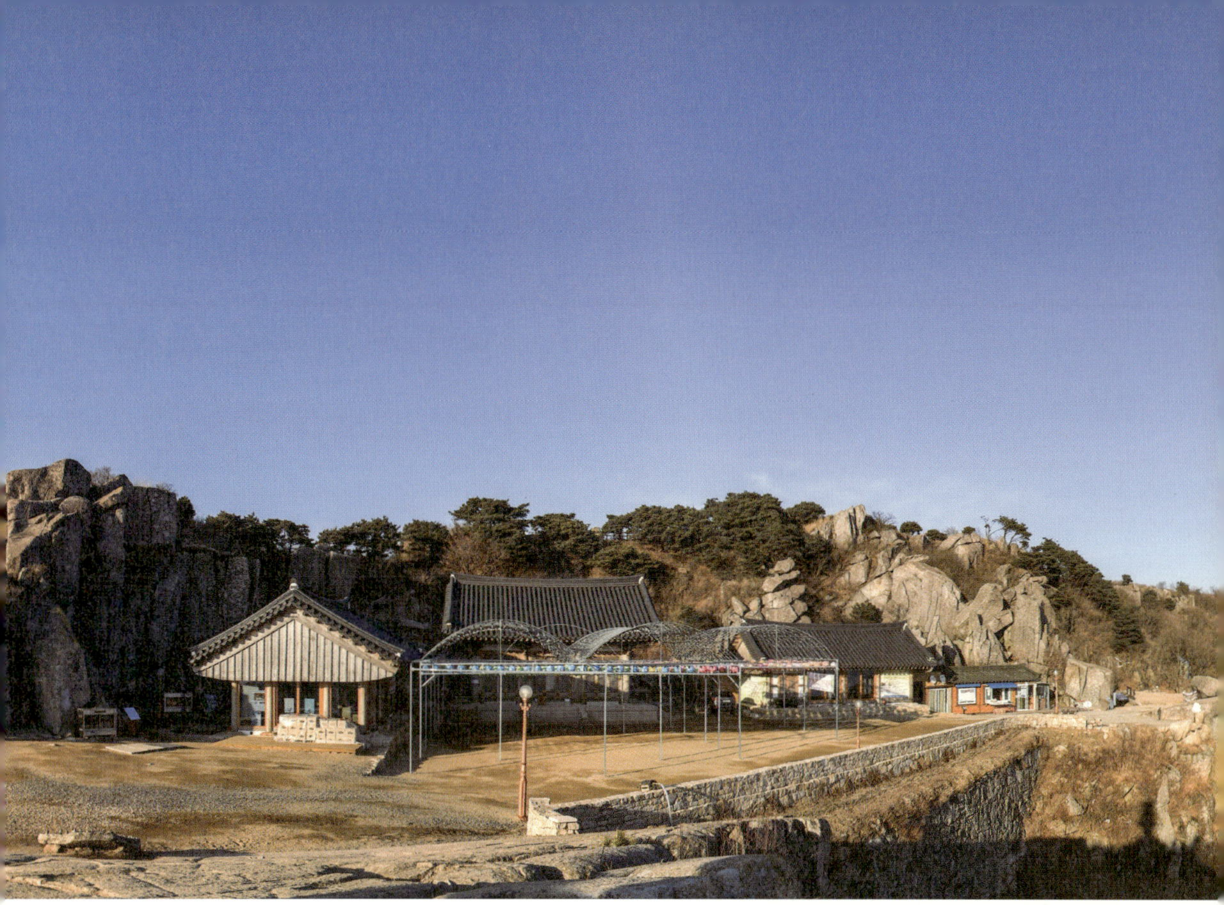

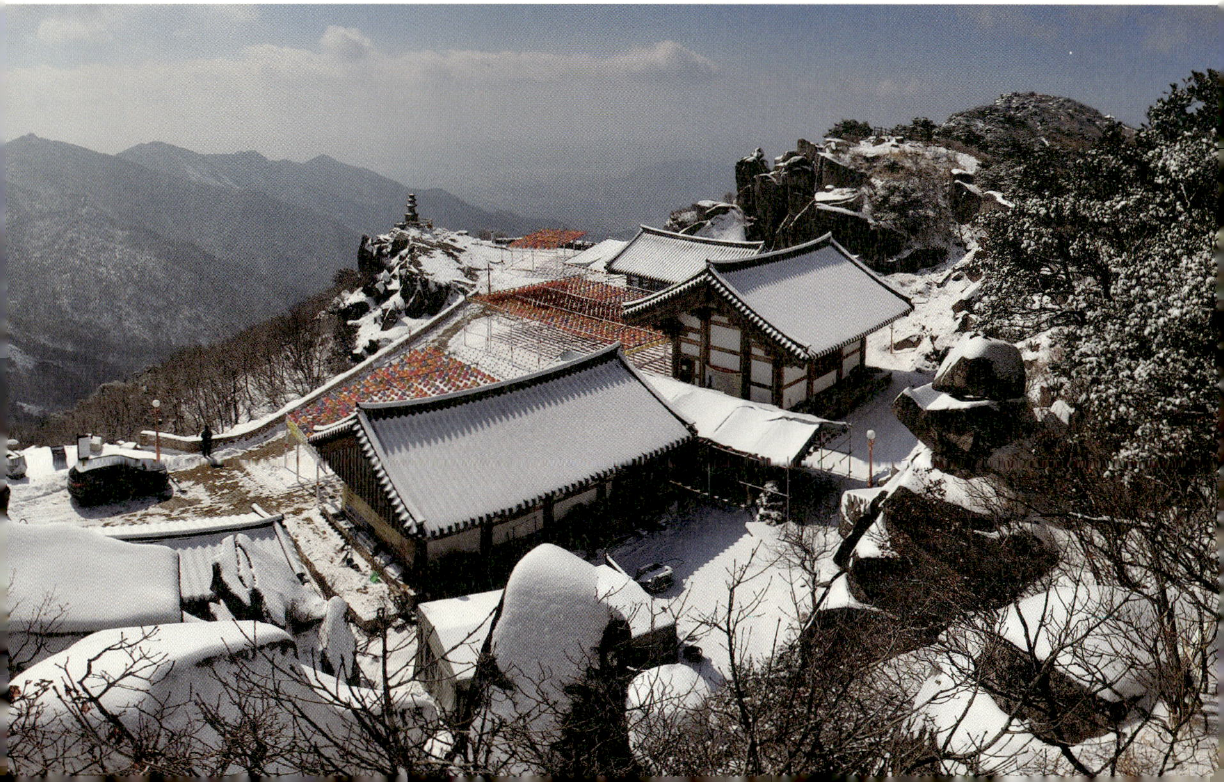

7. 대견사와 삼층석탑

8. 자연휴양림

    비슬산에는 자연휴양림이 두 곳 있다. 비슬산 휴양림과 화원 휴양림이 그들이다. 모두 인기 짱이다. 주말이면 방 잡기가 그야말로 하늘의 별 따기다. 요즘은 인터넷으로 예약하기 때문에 컴퓨터 다루는 솜씨도 운이 따라야 자연휴양림에 입소할 수 있다. 젊은이들 사이에서는 예약을 따낸 것을 두고 대박이라고 부른다. 도시 근교에다, 인근의 풍경이 그만이다. 둘 다 비슬산을 가운데 두고 비슬산 휴양림은 현풍 쪽에서 오르고 화원 휴양림은 인흥서원

사진 : 달성군청

과 마비정을 지나 도달할 수 있다.

    봄이면 이른 참꽃과 온갖 야생화들이 지천이다. 가을이면 붉은 단풍이 맑은 공기 속에서 온전한 제 색 그대로를 보이고 겨울이면 삭풍의 미가 창끝을 달싹거리니 이 모습들이 정녕 얼마나 아름다우랴 하룻밤 자고나면 투숙객들은 서로 얼굴을 마주보며 이구동성으로 맑은 피부며 눈동자에 놀란다. 하룻밤 새 그럴 수 있으랴하지만 못 미더우면 매월 초 컴퓨터에 죽치고 앉아 예약대박을 노려보시기를. 보나마나 쉽지 않을걸. 파이팅!

9. 상성폭포

　폭포는 대체로 입폭立瀑과 와폭臥瀑으로 나뉜다지만 그런 형태의 종류보다는 하얀 포말을 일으키며 시원한 모습으로 떨어지는 비말에도 엄청난 맛이 있다. 5권의 방대한 '영국사'를 쓴 매콜리는 "나이아가라 폭포를 보지 않고는 폭포에 대한 희미한 개념밖에는 없다"고 일갈했지만 꼭 그럴까. 그곳에 가려면 얼마나 힘든 여정을 거쳐야 되는데. 비슬산 상성폭는 적어도 그런 번거로움은 없다. 도심 가까이 이만한 폭포가 있는 것만 해도 감지덕지다.
　비슬산 쪽으로 가다보면 사효자굴 가는 길이 있다. 그 길로 들어서서 조금 오르면 사효자굴 방향과 상성폭포 방향을 가는 갈림길에 이정표가 화살표로 적혀있다. 20m라고 적혀

있지만 그보다는 훨씬 더 걸어야 한다. 시원한 물줄기가 쌍으로 엮어지면서 규모는 짐작보다 작게 느껴지기는 하지만 볼수록 폭포다운 면모가 드러난다. 몇 해 전 태풍 매미로 주위가 좀 흐트러지기는 했지만, 지금은 정돈이 잘돼 있다. 높이에 비해 물줄기는 세차다. 예전에는 비슬산 제1경이라 할 만큼 당찬 폭포다. 하얀 물거품은 나이아가라나 진배없는 색깔이다. 가까이서 보면 입폭이요 조금 떨어져서 보면 화폭이다. 도심 가까이 이런 폭포 있으랴. 직소폭포, 구룡폭포, 박연폭포만 폭포랴. 위쪽에 너럭바위. 그 바위에 앉아 시름 잊을 즈음 소리꾼들이 그토록 애절히 찾는 득음이 바로 이 순간일까 싶다.

9. 상성폭포

100 군데 달성의 매력

10. 비슬산 능선 길

비슬산에는 아름다운 능선 길이 있다. 사람들이 만든 길이다. 완만하다. 정상을 빙 돌 듯 맴돌며 내려가는 능선 길 여럿 가운데 정상인 천왕봉에서 조화봉 10리 구간이 정말 아름답다.

봄에는 참꽃이 만개하고 가을에는 억새가 아늑할 즈음에는 인파가 양파 같은 둥근 띠를 두른다. 까도까도 속내를 알 수 없는 양파라지만 그러나 비슬산 능선 길 걷는 선남선녀들은 설마 양파 같은 속내랴. 서두를 필요 없는 길이다. 느림의 미학이 지천이랄까. 느리기에 더 아름다운 '슬로우 로드'. 느림의 미학을 퍼뜨린 피에르 쌩소는 느림을 "부드럽고 우아하고 배려 깊은 삶의 방식"이라고 했다. 그러면서 한가로이 거닐기, 신뢰할 만한 이의 목소리에 귀 기울이기, 때로는 권태로움에 빠지기, 꿈을 꿀 것, 가장 크고 넓을 가능성을 열어 두고 기다릴 것, 글쓰기 등을 추천했다. 쉽지 않을 일들이지만 그러나 해 볼만 한 일들이다.

요가와 태극권, 필라테스 등도 만만찮지만 푸른 하늘 아래 맑은 공기 마시며 걷는 비슬산 능선 길도 만만찮다. 만물은 유전하는 것이라 했던 헤라클레이토스가 이미 3천여 년 전에 '올라가는 길과 내려가는 길은 같은 길이다'고 정의했다. 너무 많은 것을 구하려고, 너무 많은 것에 정신이 팔려 지름길만 찾고자 '삶의 길이'에 너무 집착하지 말라는 뜻일 게다. 그래 봤자 올라가면 내려가야 하는 것을. 이참에 지름길이 가끔은 먼 길도 됨을 알아두면 좋지.

11. 비슬산 낙조

어느 나라에서도 해는 저녁에 진다. 마치 해는 아침에 뜨듯이. 저 붉은 황혼. 오늘 하루도 무사한 것은 노을이 황금빛으로 잠들기 시작함을 알 수 있기 때문일 게다. 그리고는 푸른 별빛을 상상하기에 그지없이 좋은 재료이기 때문이다. 그것은 시인 박기원이 묘사한 '꽃보다 진한 불길'이다. 이에 질세라 시인 이태극도 "어허 저거 물이 끓는다. 구름이 마구

탄다"며 경탄했음에 비슬산 대견사 삼층석탑 저 건너 펼쳐진 낙조는 문자 그대로 불타는 듯 진한 황금의 바다다. 이런 절경 만나기도 쉽지 않다.

    노을이 비치는 산길을 하경霞經이라는데 그 길을 바탕삼아 만난 낙조는 곧 휴식을 가져다 주는 밤이 멀지 않다는 증거다 그 휴식에는 밤의 정열이 있다. 그 정열의 안쪽에는 머지 않은 새벽이 질명質明과 함께 뒹굴며 일출을 꿈꾼다. 결국, 낙조나 일출이나 같은 식구다. 우리네 '삶의 하루'를 함께 엮고 있는 식구들이 모두 같듯이.

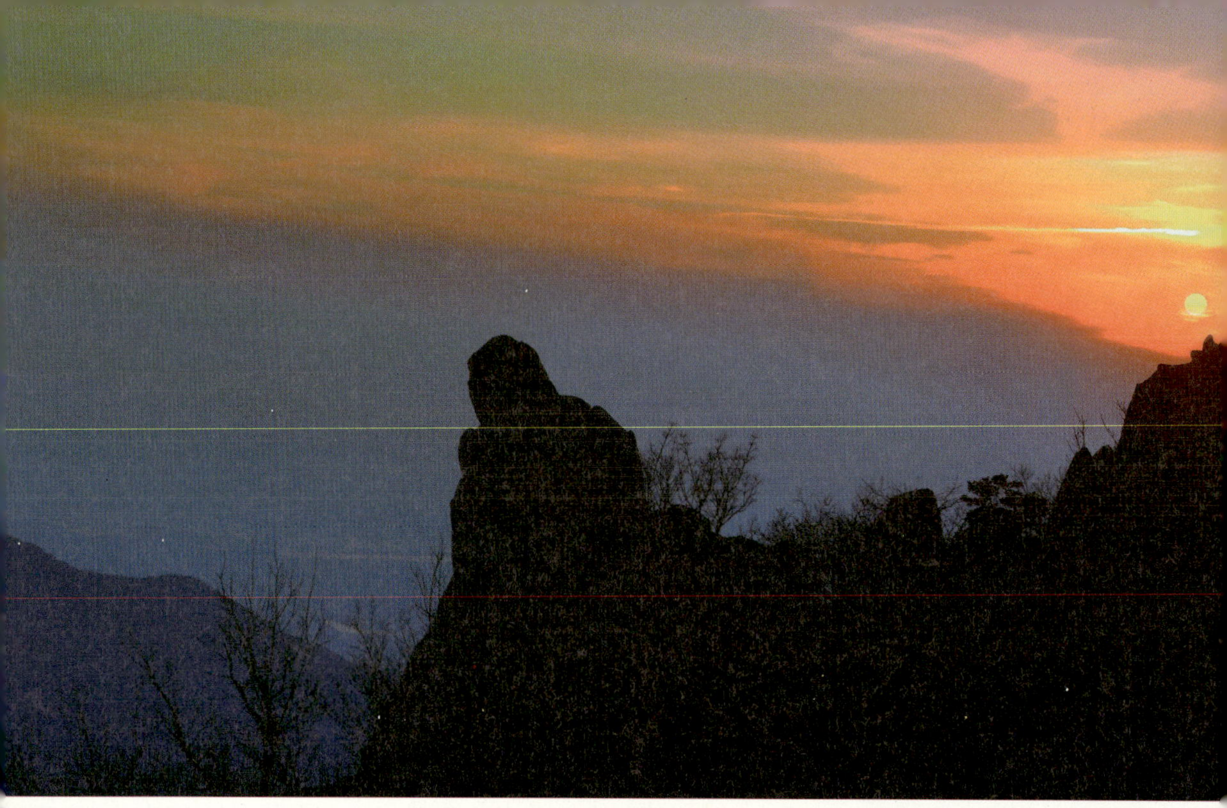

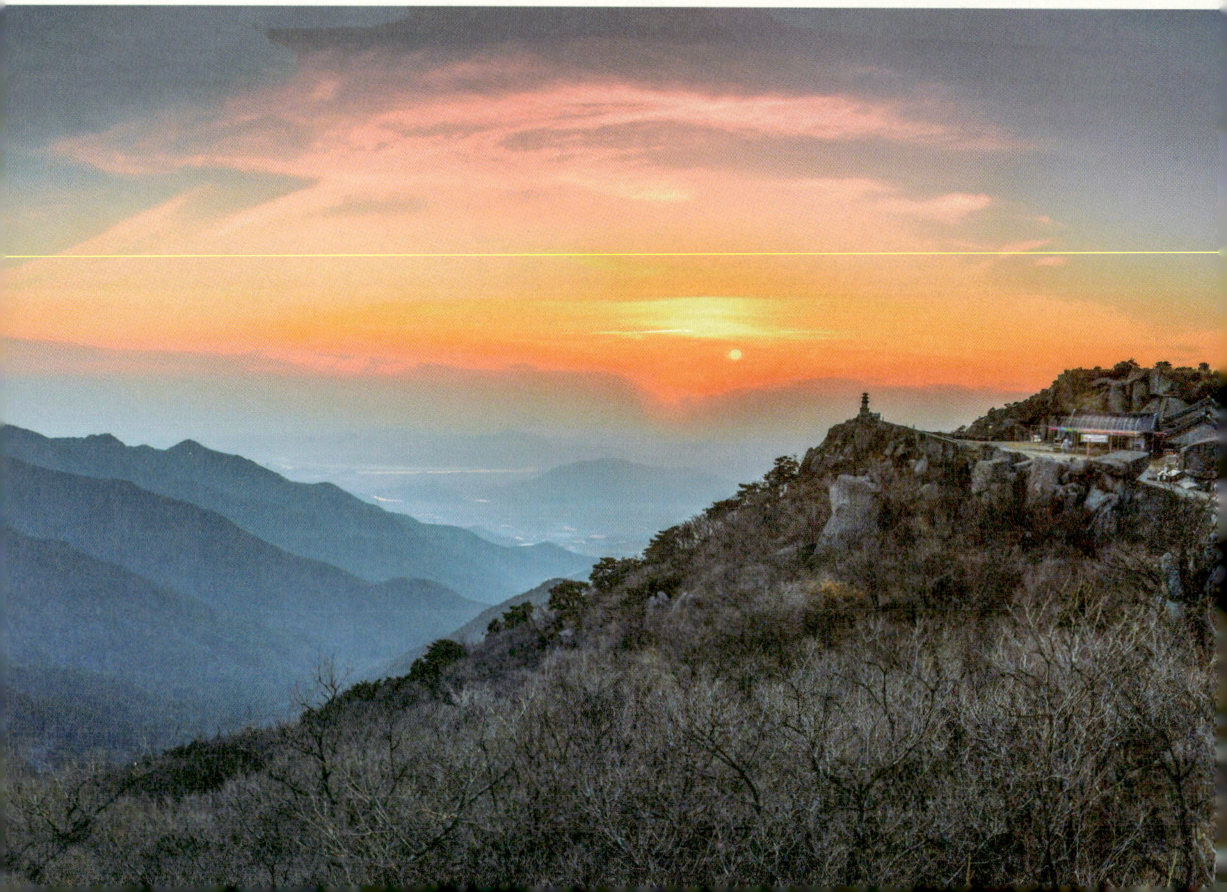

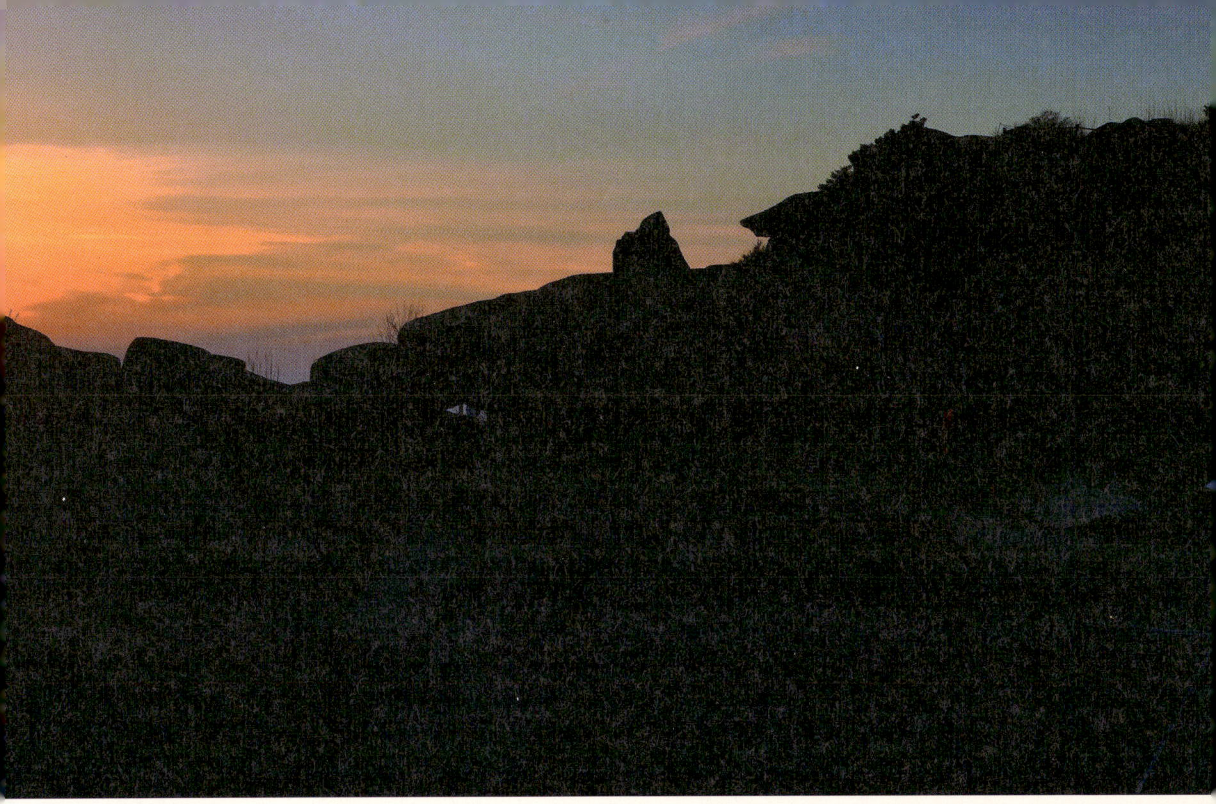
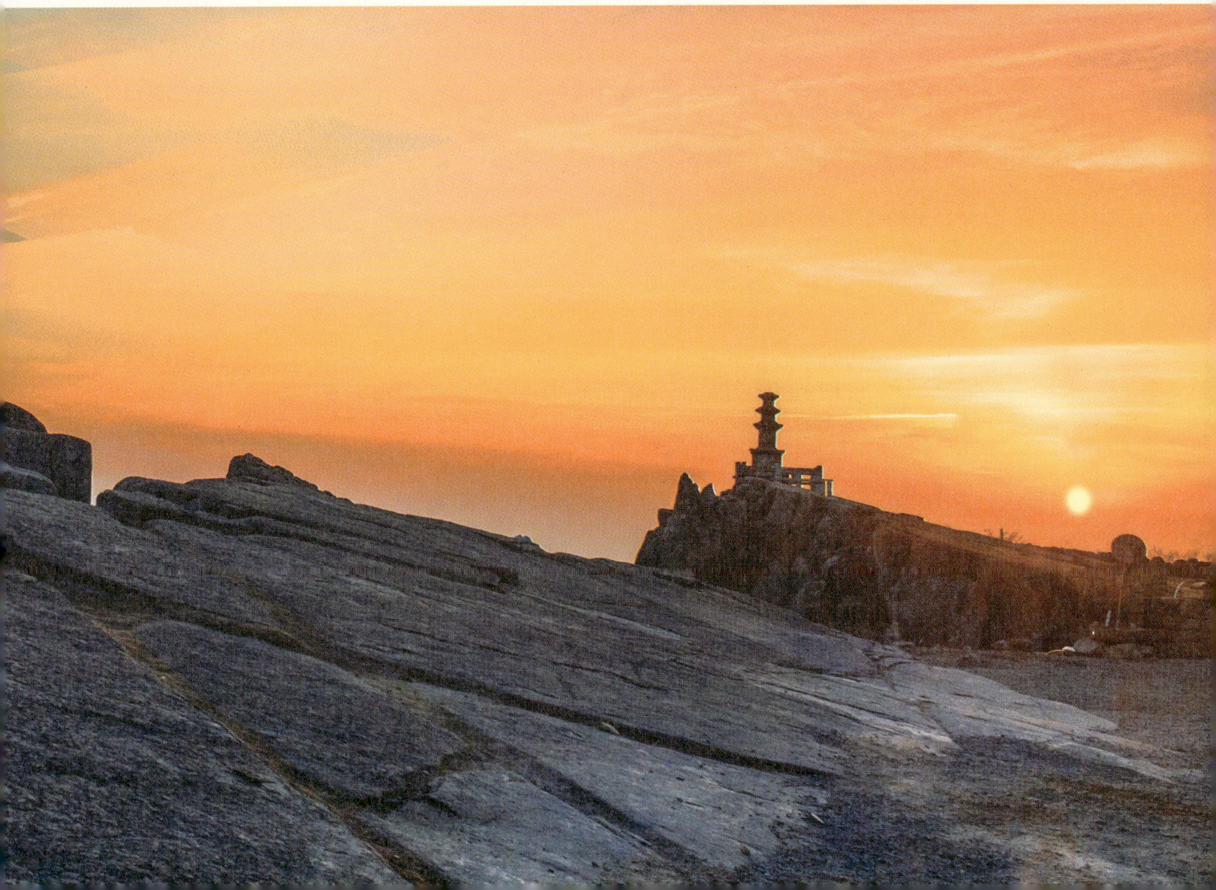

12. 낙동강

낙동강은 영남의 젖줄이다. 또한 달성의 젖줄이기도 하다. 멀리 강원도 태백에서 발원해 안동과 상주를 거쳐 이곳 달성에 이른 후 밀양과 삼랑진을 지나 부산에서 남해로 흐른다. 상하의 강 길이가 무려 1천3백 리. 뗏목과 소금배가 다닐 수 있는 물길만도 한 때는 1천 리에 달했던 대동맥이다. 낙동강으로 들락거린 온갖 산물이며 문화는 우리들의 삶에 활기를 불어 넣는 원동력이었다. 대륙의 금속문물이 이 물길로 들어왔고 멀리 대마도와도 이 물길을 통해 무역이 이뤄지기도 했다. 낙동강 소금배는 강바닥의 완만한 경사 덕에 저 위쪽 안동까지 달렸으며 반변천, 내성천, 감천, 위천, 금호강, 남강, 밀양강 등 700개가 넘는 지류들이 합쳐 낙동강이라는 거대한 물길을 이룬다. 이러니 강변은 자연적으로 내륙과의 교통 동맥인 나루들이 즐비하고 번창했다.

달성에서도 강정나루, 문산나루, 사문진나루 등이 이름을 떨쳤다. 최근에는 4대강 사업의 일환으로 달성보, 강정보가 들어서면서 달성의 새로운 관광자원으로 떠올랐다. 특히 사문진나루는 우리나라에서 처음으로 피아노가 미국 샌프란시스코에서 일본 요코하마를 거쳐 부산 창고에 잠시 머물렀다 들여온 곳으로 유명하다. 피아노라면 서양문물의 상징이다. 달성군은 이를 기념해 매년 사문진나루터에서 '달성 100대 피아노'를 열고 있다. 이 공연은 이미 전국적인 명성을 얻으며 다들 좋아하는 축제로 자리매김 하고 있다.

어떤 이는 바다가 좋다지만 강을 좋아하는 이들도 많다. 미국의 시인 에드워드 A 로빈슨이 강을 더 좋아하는 이유로 "양 기슭을 함께 볼 수 있기 때문"이라는 것이다. 낙동강에도 당연히 강의 양쪽 기슭이 있다. 참 지혜로운 상념이다.

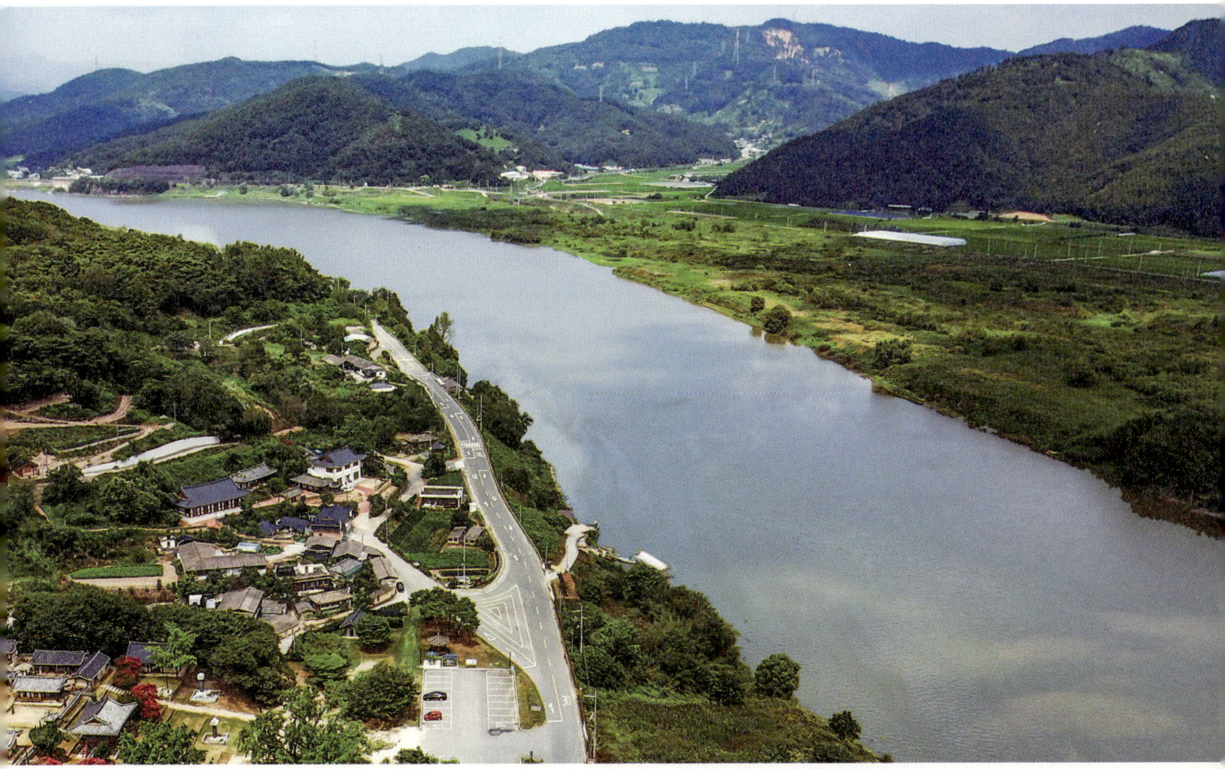

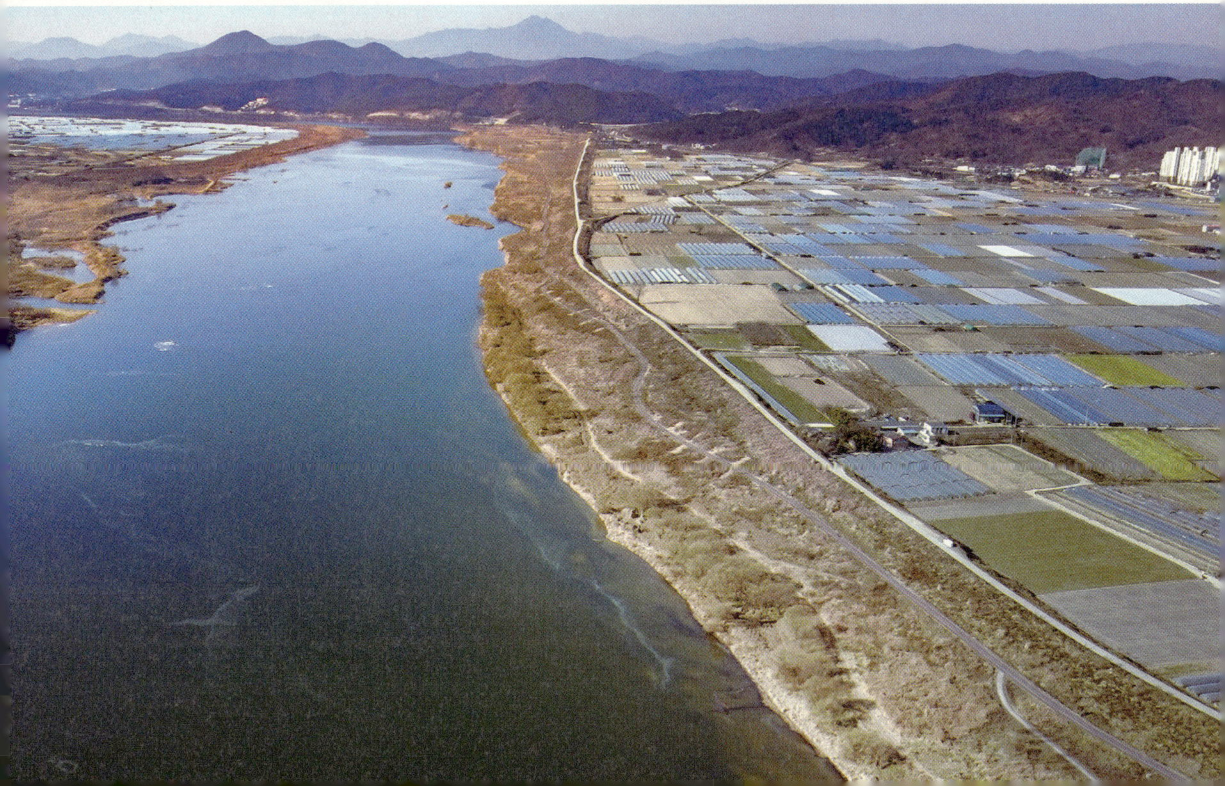

13. 달성보

    낙동강을 사이에 두고 대구시 달성군 논공읍 하리와 경북 고령군 개진면 인안리를 잇는 보. 길이 628.1m, 다리 폭 7.7m, 780일간의 공사 끝에 지난 2011년 12월 26일 완공. 외형은 항해를 시작하는 크루즈함의 뱃머리를 형상화 하였다.

    저녁노을과 야간 조망이 빼어나다. 노을 공원 인근에 전망 탑과 별빛광장을 비롯해 어도, 소수력발전소 등 친환경 문화공간이 잘 마련돼 있다. 자전거 길은 일품이다. 자전거 종주 기록 인증센터도 있다. 인증을 받아야만 개운하다는 세태가 좀 얄밉기는 하지만 그런 수고를 했음에는 다들 공감이 간다.

    봄과 여름 사이 보를 둘러싼 인근에는 유채꽃이 만발하고 가을로 접어들면 난쟁이 코스모스가 지천으로 피어 하늘거리는 모습이 너무 좋다. 그리고 빙 주위를 살피면 푸른 강과 들녘 그리고 녹색의 야트막한 산들이 낙동강과 나란히 달리는 모습이 낭만 그대로다. 지척의 약산관광단지가 조성되면 달성보는 그 위세가 엄청 오를 것이다.

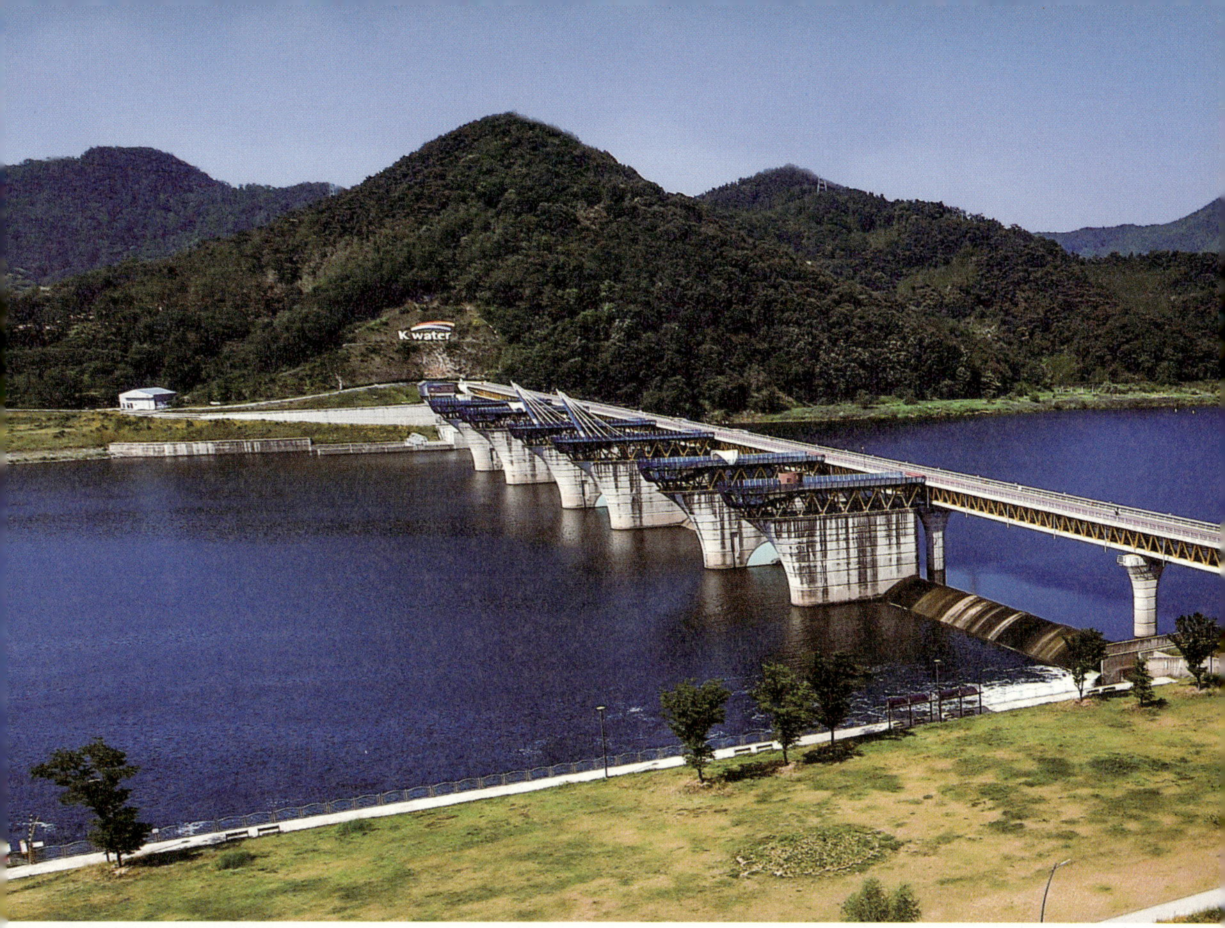
K water

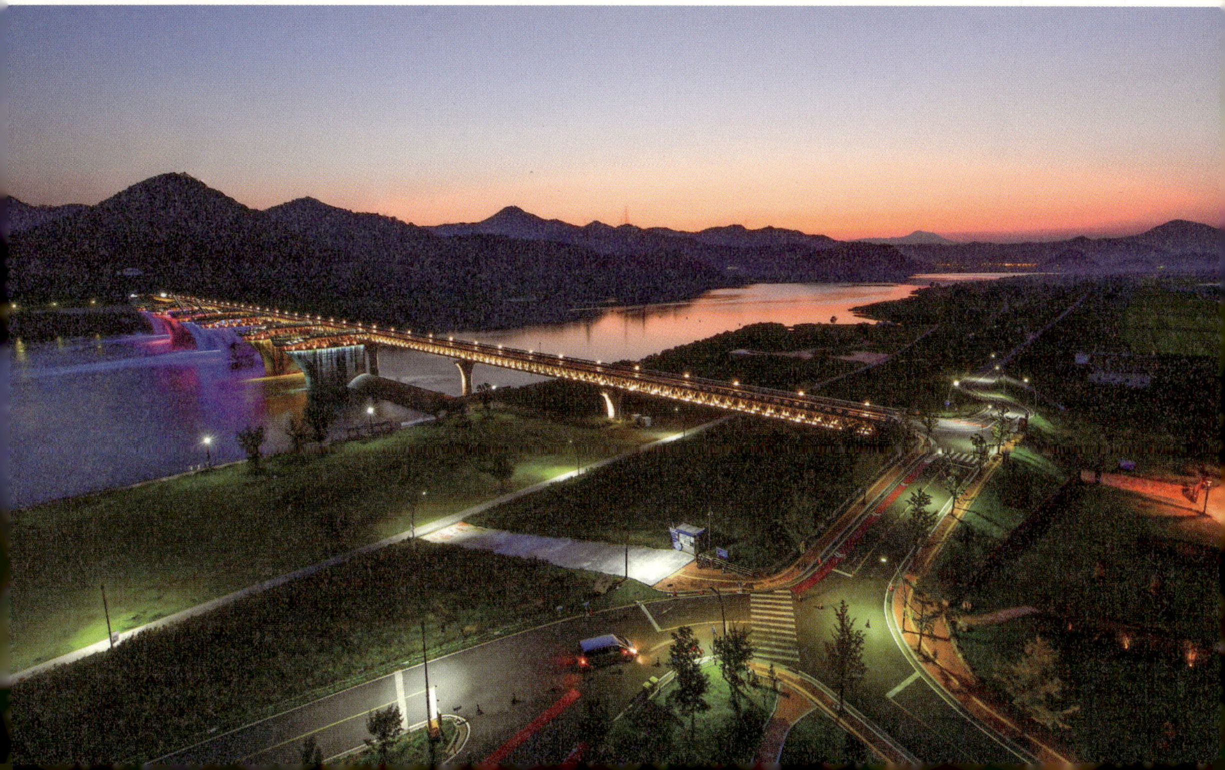

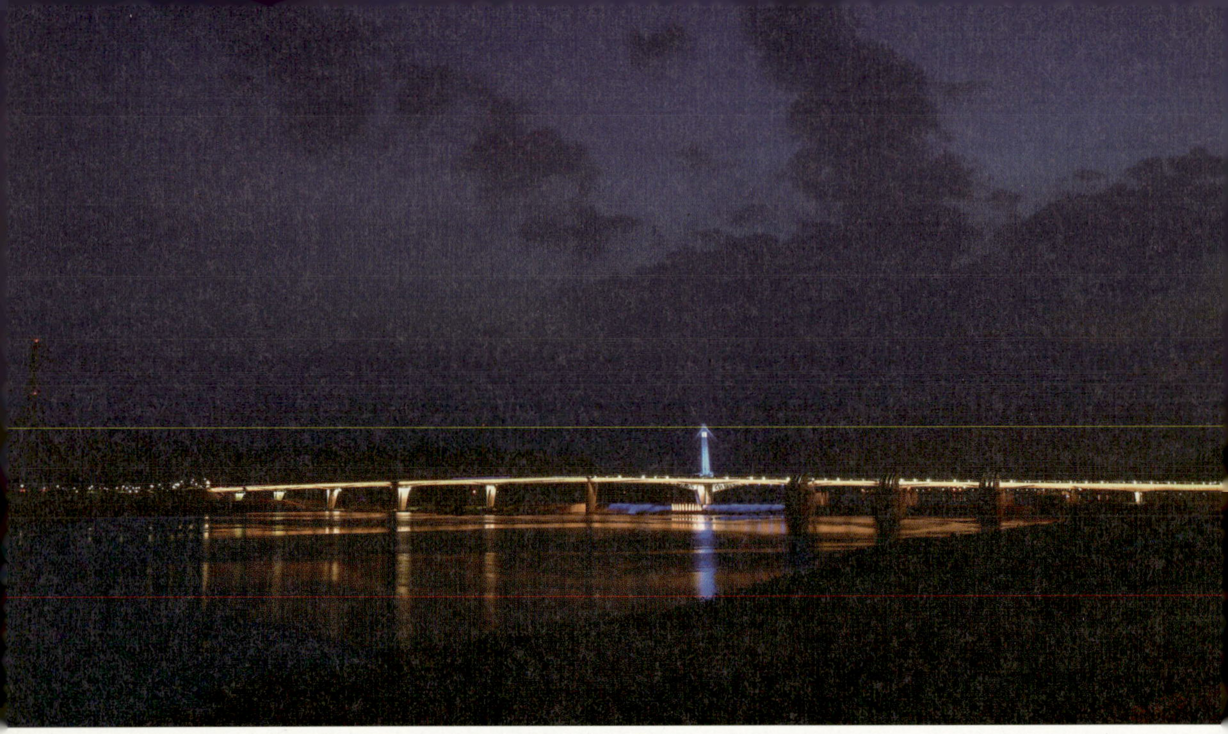

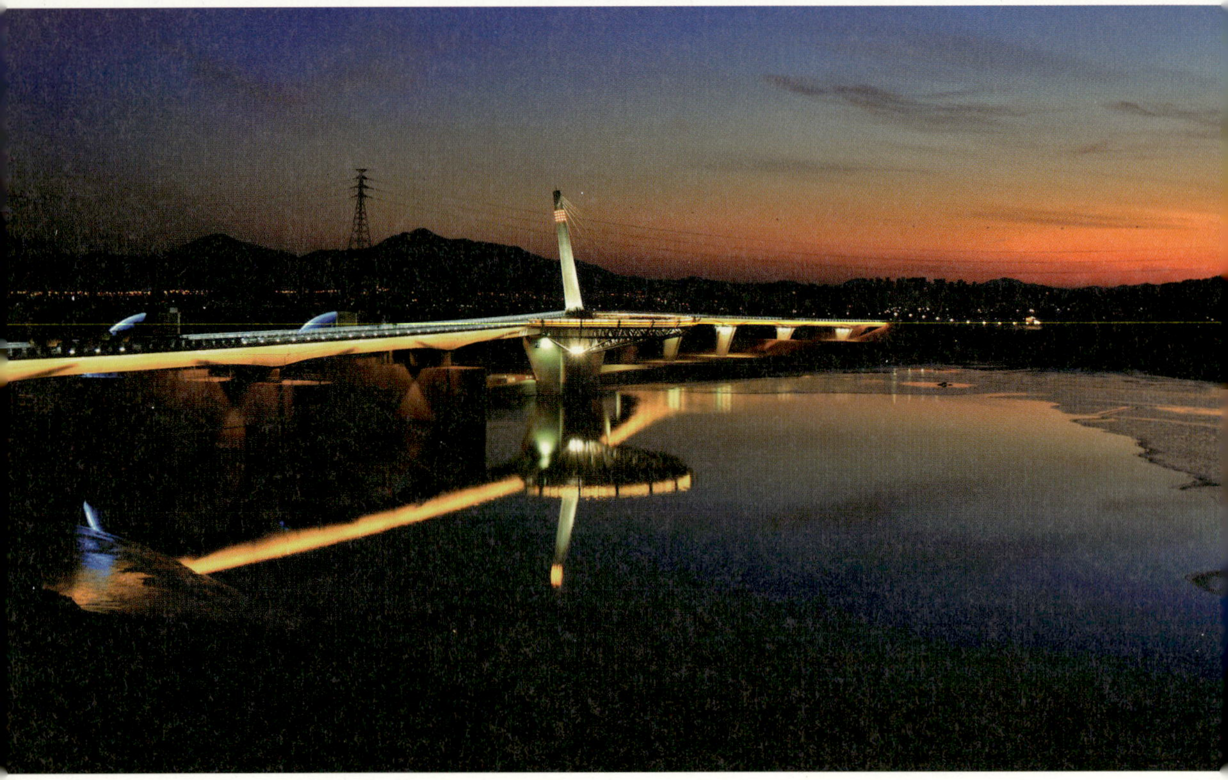

14. 강정보

　　대구시 달성군 다사읍 죽곡리 강정마을에서 고령 쪽으로 건설된 보. 그 아래 낙동강이 유유자적 넉넉하게 흐른다. 총 길이 953.5m. 전국 16개 보 중에서 가장 길고 아름답다. 3080억원의 비용으로 790일 간의 공정 끝에 지난 2011년 12월 21일 완공. 어도가 2개나 만들어졌다.

　　말끔한 자전거 길. 가운데 우람한 가동보는 수문이 90.9m로 두 개다. 문기둥만 30m. 소용돌이치는 강물 기운이 힘차고 가히 우람하다. 대가야의 역사성과 달성의 첨단과학과 대구의 패션산업을 주제로 한 상징물이 초저녁의 아름다운 강정보 낙조와 환상적으로 어울려 디카족이 몰린다. 당연히 걷는 조깅을 즐기는 사람들도 많다. 특히 젊은이들의 무대로 점차 자리를 잡아 간다. 세그웨이나 전동자전거를 타며 즐기는 아베크족들에게는 흡족한 무대. 주말이면 이들로 비좁다.

15. 낙동강 물문화관 '디아크(The ARC)'

낙동강의 새로운 명소로 등장했다. 강정보에 위치해 있다. 모던하면서도 심플한 기하학적인 모습. 마치 난데없이 미지의 외계로부터 낙동강변에 착륙한 UFO 같다. 저녁부터 밤 늦게까지 너 댓가지 색으로 바뀌는 현란한 LED 조명이 이목을 끈다. 어린 시절 강물에 조약돌을 튕기며 놀던 물수제비, 물 밖으로 뛰어오르는 팔뚝만 한 잉어, 우리의 전통 막사발 같은 우아한 등을 원용해 만들었다는 설명.

특히 저녁나절 붉은 노을이 깃들 시각. 디아크 주위는 형용할 수 없는 환상적인 자연무대를 만든다. 사노라면 이만한 황홀을 몇 번이나 느낄까 싶을 정도로 아름답다. 검푸른 창공 위아래도 흰 구름들이 듬성듬성 흘러간다. 강물은 더욱 치른거린다. 다문 입이 절로 벌어지며 탄성이 따른다. 이구동성으로. 멀리 울진서 노모를 모시고 왔다는 따님은 "왜 어머니가 한사코 여기를 가보자고 하시는 이유를 알 것 같다"고 했다.

건설비용이 자그마치 200억 원 이상이라서 언론에도 한 때 오르내리기도 했다. 측량서부터 완공에 이르기까지 한 해가 꼬박 소요됐다. 지난 2012년 9월 개관. 여름에는 디아크 앞 광장의 분수가 한 몫을 한다. 희망 나눔 존이나 아트갤러리, 거대한 영상극장 등 볼거리가 있다. 늘 사람의 공감이 주제를 이룬다. 사람 없는 강과 강 없는 사람. 생각할 필요가 없다.

물은 '어린 왕자'로 우리들에게 잘 알려진 생텍 쥐페리의 설명이 최고다. "물, 너는 맛도 없고 빛깔도 향기도 없다. 너는 정의할 수가 없다. 너는 알지 못한 채 맛보는 물건이다. 너는 생명에 필요한 것이 아니라, 생명 그 자체다. 너는 관능으로는 설명하지 못하는 쾌락을 우리 속 깊이 사무치게 한다. 네 은혜로 우리 안에는 말라붙었던 마음의 모든 샘들이 다시 솟아난다."

15. 낙동강 물문화관 '디아크(The ARC)'

15. 낙동강 물문화관 '디아크(The ARC)'

16. 달성습지와 하빈지

　지난 1971년 이란 마잔다란 주의 카스피 해에 접한 세계적 휴양지 람사르에서는 습지의 중요성을 인식하고 습지의 보호를 위한 국제협약이 체결됐다. 람사르 조약이다. 이로부터 각국은 습지를 보호하는데 온갖 심혈을 기울이고 있다. 종이나 생물 다양성의 보전이 인간의 주요한 역할을 담당하며 경제적 가치와 이익도 엄청나다는 점을 인식한 것이다. 몇 년 전 국내에서도 람사르 국제회의가 열리기도 했다.
　습지라면 우포늪이 대표적으로 떠오른다. 허가를 받은 어부도 있을 만큼 우포늪은 넓고 광대하다. 그에 못지않게 달성군에도 달성습지와 하빈지가 자연생태계의 보고다. 60여 만 평에 이른다. 달성습지는 달서구 호림동에서 달성군 화원읍 구라리까지 2.6km에 이른다. 30여 만 평을 웃돈다. 특히 화원동산 쪽에서 바라본 달성습지 중에는 남아메리카 대륙을 닮은 곳이 있어 흥미롭다. 형태가 꼭 같다. 구태여 비행기 타고 먼 여행길에 오를 필요가 없다는 우스개 소리도 관광객들 사이에서 나오곤 한다.
　달성습지 위쪽에는 맹꽁이 서식지가 도시의 소음 속에서도 용맹스럽게 이뤄지고 있다. 최근 이 근처를 지나는 도시외곽순환도로 공사가 벌써 몇 년째 계속되고 있어 맹꽁이들이 수난시대를 맞고 있다. 덩달아 환경단체 몇이 맹꽁이 보호운동을 벌이고 있지만 왠지 역부족이랄까. 안타깝다. 무슨 방도가 없을까. 백로나 왜가리, 황로, 고니, 홍머리오리가 그 자리를 대신하듯 듬성듬성 보인다. 관찰 데크, 생태탐방로가 부분 부분 설치돼 습지를 이해하는데 도움은 된다.
　저수지 성격인 하빈지는 달성군 하빈면 학산리에서 봉촌리 구간으로 2.3km에 25만여 평. 최근 가시박 넝쿨이 습지를 덮고 있어 제거 작업으로 곤욕을 치른다. 봉촌리에 가까운 습지 옆에는 자전거 길도 닦여 있다. 축구장도 만들어졌고 산책로도 좋다. 온갖 야생화며 야생동물이 느닷없이 나타났다가 사라지기도 해 간혹 깜짝 놀라기도 한다. 갈대가 나부거릴 때는 정말 정경이 그만이다.

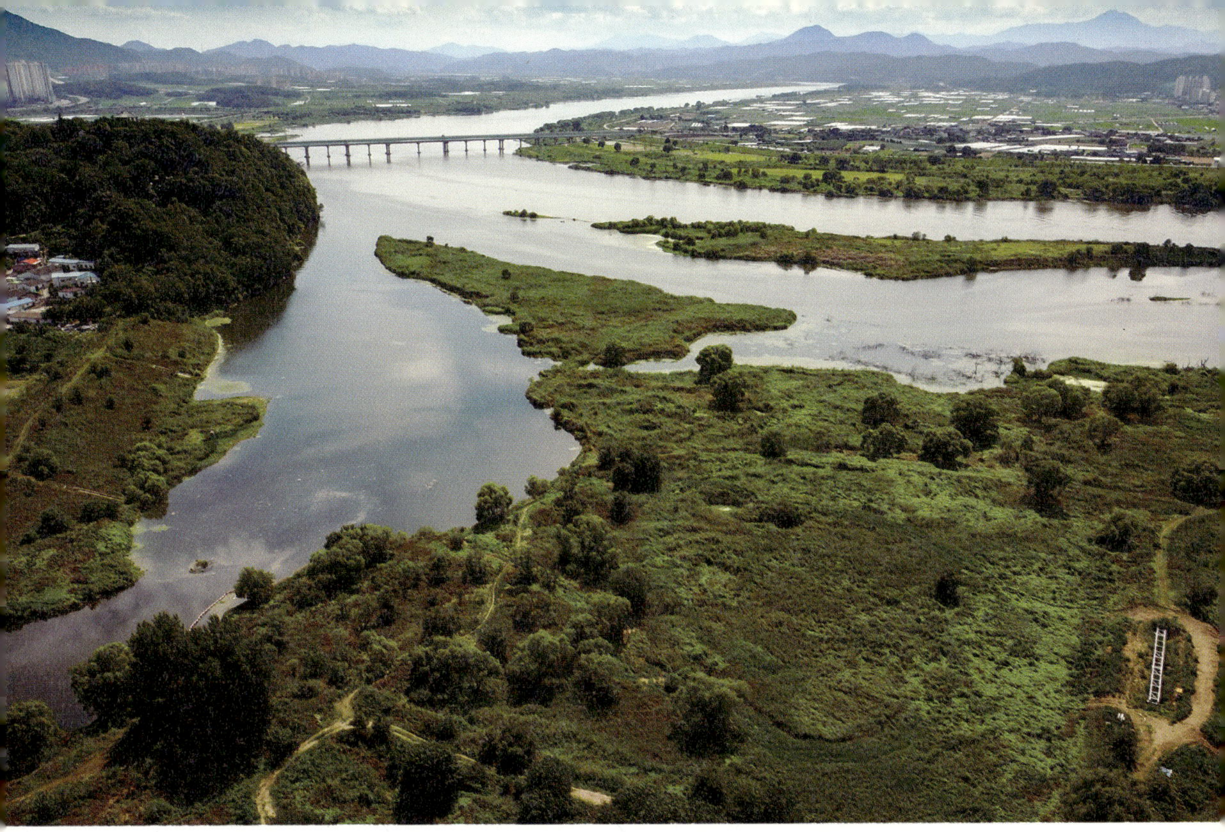

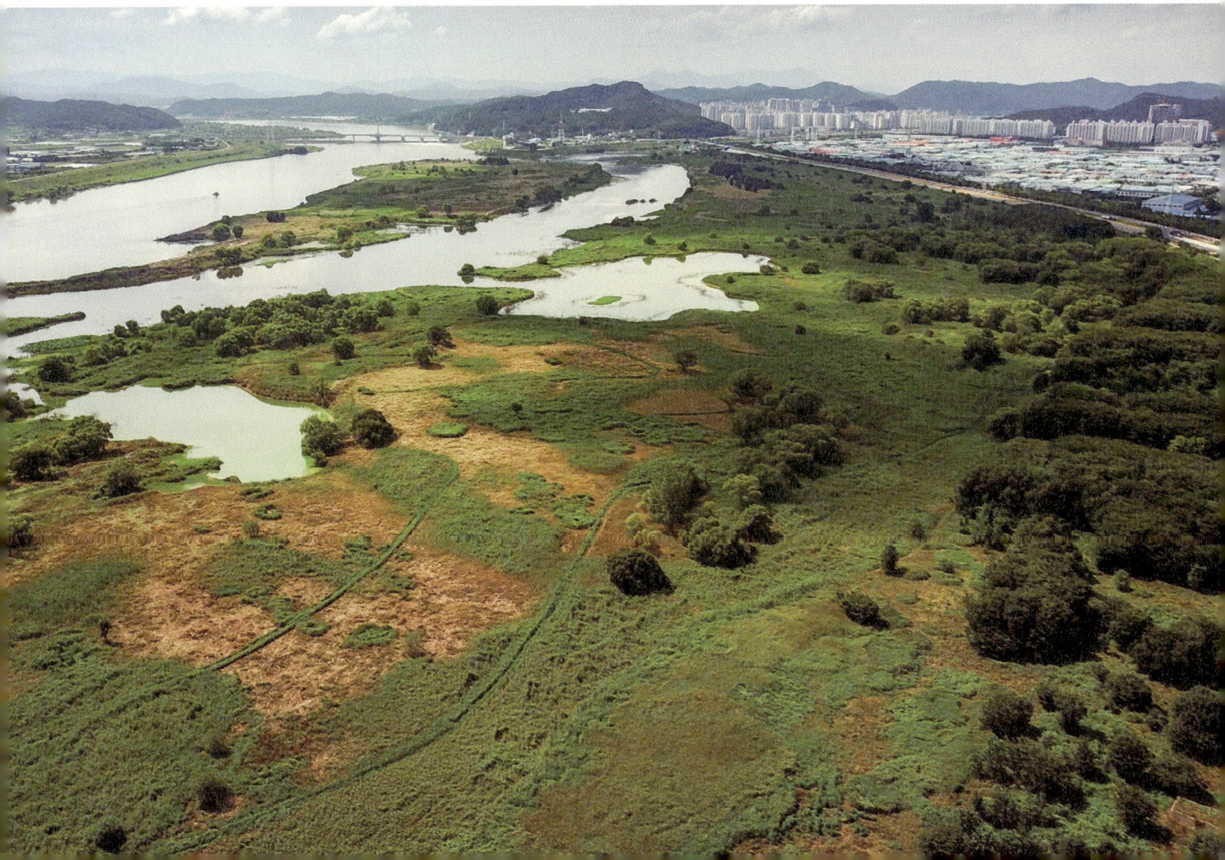

17. 화원동산

　세상이 처음 만들어졌을 때 그 세상은 정원이었다고 한다. 그래서 베이컨은 "전능하신 신은 최초에 정원을 만들었다"고 한다. 그 정원에는 산도 있고 물도 있고 구름도 있고 하늘도 있었다. 나무도 있었고 꽃도 있었다. 꽃이 있었다면 당연히 꽃밭도 있었겠지.

　달성에서 꽃밭이라면 단연 화원동산. 달성군 화원읍 성산리에 있다. 신라 시대부터 왕들이 여기에 행궁을 지어 온갖 기화요초를 심어 놓고 그 꽃들을 감상했던 상화대賞花臺의 흔적이 남아 있다. 우리나라가 산성의 나라답게 화원동산에도 성곽이 어렴풋이 남아 있다. 조선시대에는 봉수대도 만들어 위급한 소식들을 전했다. 야트막한 동산에는 나무들도 제법 그늘막이 돼 여름이면 시원한 분위기가 좋다. 그런 화원동산이 한동안 방치하다시피 지내다가 최근 달성군의 지속가능한 개발로 활기를 띤다. 오리전기차에다 설치미술 작가로 유

명한 이이남 씨의 작품도 구입해 야외에다 전시해 두고 있다. 가족, 특히 아이들이 너무 좋아하는 장소로 사랑을 받기 시작했다.

　지난 1940년 대구시립공원으로 되면서 화원유원지로 부르기 시작했다. 인근의 사문진 나루터와 더불어 우아하고 화려한 일몰의 모습은 여전히 장관이다. 천연보호림 모감주나무 군락과 4층 높이의 전망대, 낙동강이 훤히 내려다보인다. 동산 아래 낙동강에는 유람선도 떠가고 철새들도 날아들어 화원동산은 동산으로 딱 어울린다. 아담하고 포근하다. 다만 한 가지, 붕어빵에 붕어 없듯이 화원동산에는 너무 꽃이 없다는 게 될성부른 일일까. 꽃이 좋아야 나비가 모이는 법. '아침에는 목란의 떨어지는 이슬을 마시고 저녁에는 떨어지는 꽃부리를 먹는다'고 굴원은 '초사'에서 읊었다. 화원동산에서도 꽃망울에서 떨어지는 이슬을 마시고 꽃부리를 먹고 싶다.

18. 사문진나루 주막촌

　화원동산 들어가기 전 왼쪽 낙동강변이 유명한 사문진나루였다. 조선시대부터 영남지방의 물류 유입지로 명성을 날렸다. 최근 사문진나루터에는 달성군의 끈질긴 집념으로 주막촌이 옛 모습 그대로 복원돼 나들이 온 사람들의 정취를 돋워준다. 말끔히 단장된 모습. 안동에서 여기까지 찾아 온 장승명인 김종흥씨가 솜씨 좋게 장승을 현장에서 만들어 세워 운치를 더했다. 음식 맛도 괜찮다. 보부상들이 즐겼을 육개장에다 파 부침개. 여기에 막걸리까지 곁들이면 푸짐해진다. 최근에는 커피숍까지 생겼다.

　사문진나루는 낙동강 상류와 하류를 연결하는 뱃길 교통의 요충지. 해방 이후까지만 해도 부산 구포와 안동 지방까지 아우르며 번창했으니 당시의 물류는 짐작이 쉽지 않을 정도다.

　수많은 보부상들의 산더미 짐과 노총각 괴나리봇짐까지 사문진나루로 들고 났으니 그 중에서도 우리나라에서 최초로 피아노가 이곳으로 들어 온 사실이 밝혀져 해마다 10월 첫 주말 이틀 동안 이곳에서 달성 100대 피아노가 열린다. 이 공연은 대구의 대표축제로 선발되기도 해 자랑스럽다.

　이를 기념해 국내에서는 처음으로 다큐뮤지컬 '귀신통 납시오'가 무대에 올려져 모두를 깜짝 놀라게 했다, 윤복희가 주연이었다. 그 당시 나룻배에서 내리는 피아노를 마을 사람들이 그렇게 불렀다. 귀신통으로. 처음 듣는 맑고 청아한 피아노 소리가 마치 귀신에 홀

린 듯. 통 속에는 귀신이 들어 있다 해서 그렇게 부른 것 같다. 너무 재미있는 표현이다. 피아노가 귀신통! 귀신이 곡할 즐거운 상상이다.

19. 요트와 조정경기

영화 '변호인'. 전직 대통령을 암시하며 인기를 끌었던 영화다. 그 속에 잠시 요트 이야기가 나온다. 달성군도 낙동강을 배경으로 요트의 관광화를 꾀했다. 강과 요트. 아직은 생소한 감이 있지만 워낙 바탕이 좋은 강이다. 세계적으로는 점차 대중화 추세다. 강바람에도 가슴이 터질 듯한 강한 해방감을 만끽할 수 있는 스포츠. 단순한 호화 레저로 보는 시대는 지났다. 요트산업이 새로운 블루오션으로 대두되면서 세계시장 규모도 200억 달러를 넘었다니 가히 도전해 볼 만한 레저산업이다. 젊은이들이 관심을 가지면서 부가가치도 높다.

조정경기도 달성에 뜨는 새로운 스포츠. 달성보 인근이 천혜의 조건을 갖추고 있다. 세계적인 명성과 권위를 가진 영국 템즈강의 옥스퍼드와 캠브릿지대학의 에이트로 펼쳐지는 레이스는 1829년부터 시작됐다. 엄청난 역사다. 6,755m. 달성보 조정경기장에서는 지난 2012년부터 첫 공식 수상스포츠 대회가 열려 그 가능성을 알린 후 지금까지 매년 열리고 있다. 해마다 참가 인원이 늘면서 관심도도 높다.

20. 사문진 낙조

전국 최고의 낙조. 황혼, 일몰, 저녁놀이라고들 부르지만 어느 것이든 이곳 낙조가 최고다.

태양은 우리에게 빛으로 말해 준다고 헤르만 헤세는 꽃은 향이나 색으로 이야기하며 생명있는 모든 것은 이처럼 언어에 마음이 끌린다는 것.

최고의 낙조로 유명한 사문진나루의 낙조는 그러나 빛으로 말만 하는 게 아니다. 빛으로 최고의 그림 솜씨도 보여 준다. 저 황홀하고 화려한 색감. 힘있게 걸친 구름과는 위대한 교향악을 연주하는 듯. 아! 하는 탄성만 나올 뿐이다. 시인 고은은 이를 "수평선 위에 불이 붙었다"고 묘사했다. 낙조는 때로 수채화 같기도 하고, 때로는 탄력 있는 유화의 엄청난 흡입력 같기도 하다. 어느 점, 어느 선 하나 놓칠 수 없는 순간들. 진짜 이러다 강물에 불이 붙는 게 아닐까.

20. 사문진 낙조

21. 구지 물 도리

경북 예천에 회룡포가 있다면 달성에는 구지 물도리가 있다. 원만한 저 둘레. 완벽하고 넉넉한 낙동강 물이 굽이돌아 408.3m 높이의 대니산을 푸짐하고도 우뚝 품었다. 오목하게, 볼록하게 돌아가는 거리가 십리는 족히 넘을 거리다. 도동서원이 있는 도동리에서 오설리를 지나 쉼 없이, 그러나 게으르지 않고 남지 쪽으로 방향을 튼다. 물이 돌아 나간 정도를 비교하면 하회마을의 물 도리가 버선발이라면 예천의 회룡포 물 도리는 호박쯤으로 친다. 그에 비해 구지 물 도리는 거북 등짝이다.

이렇듯 웅대하게 산을 품고 강을 도는 구지 물 도리는 쉽게 그 정경을 찾을 수 없다. 강이 산을 부둥켜안고 용트림이 한창이다. 그러나 이 광경이 쉽게는 눈에 띄지 않는다. 그 또한 매력이다. 넓고도 치렁한 낙동강을 건너 고령 땅 개포나루에서도 쉽게는 볼 수 없다. 그쪽 방향이 워낙 낮은 들판뿐이기 때문이다. 천상 하늘에서 밖에 볼 수 없다. 그래야 제대로 된 구지 물 도리를 볼 수가 있다. 아무 쪽에서나 볼 수 있을 거라 짐작하면 큰코다친다. 거대하게 굽이치는 낙동강 물 덩이가 장관이다.

21. 구지 물도리

22. 비슬산 둘레길

비슬산 둘레길은 가창 정대리 코스, 유가사코스, 자연휴양림 코스가 있다. 모두 잘 다듬어져 있다. 참꽃이 피면 참꽃과 함께 걷고, 억새 휘날리면 억새와 함께 걷는다. 그러다 바위강을 만나면 암괴류의 그 육중한 흐름에 잠시 숙연해진다.

맹자는 세상의 길을 두고 이렇게 말했다. "길은 가까운데 있다. 그런데도 이것을 먼 데서 구한다"고. 왜 그럴까. 아둔한 탓이다. 마침 공자도 성지에 도달할 수 있는 세 가지 길을 제시해 주었다. 첫째는 사색에 의해서다. 이것이 가장 높은 길이다. 그 다음에는 모방에 의해서다. 이 길은 가장 쉬운 길이다. 마지막은 경험에 의해서다. 이것이 가장 고통스런 길이다.

어느 길을 택할 것인가는 그대들의 몫이다. 관관검각間關劍閣, 험악한 행로가 있을 테고 석양사로夕陽斜路, 석양 비낀 길도 있다. 장안대도長安大道, 장안의 큰 길도 만날 수 있을 것이고 구절양장九折羊腸, 양의 창자처럼 꼬불꼬불하고 험한 길도 닥친다. 물론 사통오달四通五達, 온 사방으로 오고 가는 편리한 길도 당연히 만날 수 있다. 이제 산책만 남았구려!

22. 비슬산 둘레길

23. 낙동강 자전거 물레길

은빛 두 바퀴의 신나는 질주. 자전거가 대유행이다. 건강에도 좋고, 복잡한 도심 교통난도 덜고, 자연친화적이며 공해도 없다. 낙동강을 비롯 전 국토에서 자전거 길은 잘 다듬어져 있다. 국토종단 자전거 대회도 열린다. 강정보에서 달성보를 잇는 달성군 관내 낙동강 자전거 길은 특히 주위의 빼어난 경관과 어울려 휴일이면 젊은이들의 은륜 하모니가 봄이면 봄꽃과 가을이면 가을바람과 동행하며 대합창을 이룬다.

이보다 더 잽싸고 날렵한 교향곡이 있으랴. 바람을 가르며 달리는 은빛 젊음이다. 자연의 운세를 사람의 운세에 끼쳐 주는 우주의 기운이 바람이라 했던가. 우리의 젊은 이들이 흠뻑 들이마시는 바람, 달성의 바람. 그 기운, 우주의 기운이다.

23. 낙동강 자전거 물레길

24. 비슬산에서 만난 낙동강

　달성의 명산 비슬산과 낙동강 젖줄이 만나면 어떤 모습일까. 당연히 웅대하고 기개 넘치는 한 폭의 한국화를 연상하게끔 한다. 대견사 삼층석탑에서 바라 본 낙동강. 저 우람찬 강줄기. 새로운 세기로 맞아 거침없는 질주로 내일을 향해 달음질치는 달성군에 이만한 산과 강이 있음은 복이다. 복이 온다는 것은 모두 그 원인이 있다. 복생유기福生有基. 원인이라면 비슬산과 낙동강이 아닐까 싶다. 달성의 밝은 미래다. 그리고 그 미래는 밝다. 높은 산과 낮은 강이 이렇듯 드리운 구름 아래 만나 지어내는 정기는 무엇이라 표현할까.

　공자의 말씀에 "지자는 물을 좋아하고, 인자는 산을 좋아한다. 지자는 움직이고, 인자는 조용하다. 지자는 즐겁게 살고, 인자는 장수한다〔知者樂水 仁者樂山 知者動 仁者靜 知者樂 仁者壽〕"고 했다. '논어'에 나오는 말이다. 진짜 산 좋고 물 좋은 비슬산과 낙동강이다. 산이 있어 강이 흐르고, 강이 있어 산은 더 우뚝하네. 그래서 달성에는 지자知者와 인자仁者가 넘쳐 난다네.

25. 옥포 벚꽃

　　대구시 옥포면 간경리에서 용연사 쪽으로 난 도로. 양쪽에 봄이면 벚꽃으로 화려한 길 놀이는 벌써부터 소문이 꽤 난 벚꽃마당길이다. 마당길이라는 표현이 어울릴까 싶을 정도로 길보다는 벚꽃 정원에 가까운 면적. 안아도 덥석 안기지 않을 만큼 커 버린 벚꽃나무들이 1km는 좋게 늘어선 이 길은 대구지역에서는 최고로 아름다운 길로 선정되기도 했다. 지난 1968년에 심어지기 시작했으니 햇수로도 벌써 50여 년의 세월이다. 그런 연륜도 별거 아니란 듯 벚꽃나무들은 아직도 싱싱함을 잃지 않는다. 따스한 봄날. 아이들이랑 가족들이 나들이 나오기에 더 없이 좋은 옥포 벚꽃, 벚꽃 길.

　　서울에는 여의도 윤중로길 벚꽃이 유명하지만, 그 옛날에는 우이동 벚꽃이 더 유명했

었다. 효종이 북벌계획 할 때 활 재료로 사용할 목적으로 심었다고 문일평은 그의 '호암전서'에 적고 있다.

　만개한 옥포벚꽃을 위해 이 지역민들은 축제를 연다. 그럴 때는 인접 고속도로까지 길이 막힐 지경이다. 망울이 맺혀 보들보들 흔들릴 때는 보는 이의 가슴이 터질 것 같다. 그 아렷아렷함. 이어 화사함. 누구나 망연자실해진다.

25. 옥포 벚꽃

26. 이달박 10리 벚꽃 길

잘 알려지지 않은 대구의 벚꽃 명소다. 실은 이렇게 소개하는 것도 선뜻 내키지가 않는 것은 좋다하면 물불을 가리지 않고 한꺼번에 몰려드는 우리들의 나쁜 인식 탓 때문이다. 달성군 다사읍 이천, 달천, 박곡리의 머릿 글자를 따 합해 '이달박'이라 부른다. 아주 양지바른 마을들이다. 이름들이 얼마나 친근감 있는가. 이천마을만 해도 그 이름이 송대의 대학자요 우리나라 성리학에 지대한 영향을 미친 이천 선생 정이程頤에서 유래했다니 이 인근이 어떠한 곳인가도 짐작이 가능하다.

왕쉰고개에서 왕건처럼 잠시 쉬었다 하빈 방향으로 5리 정도 가면 시작되는 벚꽃 길은 부부의 애틋한 사랑 이야기가 전해오는 해량교까지 족히 10리는 뻗어 봄이면 아름답기 그지없다. 소리 소문없이 이곳 벚꽃나무는 덩치도 성큼 자라 요 몇 년 사이 부피도 부쩍 키웠다. 듬직한 모습. 그러니 그 꽃들이 한창일 때는 자지러질 듯 흐드러져 얼마나 보기가 좋을까. 벚꽃의 아름다움은 한 가지나 또는 한 나무를 볼 때는 도화나 앵화에 미치지 못할는지 모르나, 여러 꽃나무 전체를 볼 때는 일대 미관을 보게 되는 게 특징이다.

26. 이달박 10리 벚꽃 길

27. 가창 정대 벚꽃 길

봄이 한창 무르익으면 가창 정대 가는 길에는 벚꽃이 만발이다. 희뿌옇기도 하고 연한 분홍빛이기도 하다. 색감에서 넘치는 정열, 연하고 부드러운 정열. 밝고 맑다.

벚꽃이 일본의 국화라서 그렇다지만 제주도 왕벚꽃이 그 시원임이 밝혀짐에 더 이상 왈가왈부 할 일은 아닌 듯. 충남 서산 상왕산의 개암사 스무 그루 남짓 왕벚꽃나무도 꽃이 필 때는 굉장하다. 희귀한 이곳 청벚꽃과 함께 겹꽃으로 그 화려함은 이루 형언키 어렵다. 백색이며 연분홍, 여기다 진분홍에 옥색이며 붉은 색까지 겹쳐 가히 일품이요 일색이다. 그래도 줄지어 오가는 길손에 향긋한 미소 짓기는 정대 가는 길의 벚꽃만 하랴. 벚꽃 지면 이어 초여름, 정대 숲 느티나무 터널은 시원스럽다.

27. 가창 정대 벚꽃 길

28. 달창저수지와 벚꽃

달성군 유가면의 달창저수지. 좀 전까지만 해도 낚시꾼들에게나 알려진 정도였지만 몇 년 전부터 저수지 인근 길들이 벚꽃나무들로 치장하면서 지금은 엄청나게 찾는 이들이 많아졌다. 경남 창녕군과 맞닿아 있다. 달성의 영산 비슬산의 기운이 이곳까지 흘러내린 탓으로 물결이 제법 출렁일 때는 수면이 제법 광대하다. 가족 나들이로는 손색없는 곳. 쉴 곳도 많이 만들어져 있다. 바로 인근에 유명하다는 금산곰탕집이 여전히 성업 중이다.

지난 1972년 완공돼 일대의 농지에 풍성한 수확을 할 수 있는 수량이다. 덕분에 씨알 굵은 붕어들이 꾼들을 연일 유혹한다. 만수위 때의 수량은 39만 t. 물안개 머금고 해사한 봄

빛이 완연할 때, 달창저수지 가는 길에는 벚꽃이 의외로 화사하다. 이곳 역시 숨겨진 보석 같은 벚꽃길. 유가면 한정리와 본말리 사이. 저수지 물빛에 반하고 덤으로 벚꽃 반기니 더 없이 여유로운 달창저수지다.

29. 가창댐

달성군 가창면에 우뚝한 최정산(889m)과 청도 각북면과 경계를 지르는 헐티재까지의 깊은 계곡에서 흘러내린 물들이 모여 이룬 인공 댐. 식수 전용 댐이다. 지난 1959년 완공. 몇 차례 보수 공사를 그쳐 오늘에 이른다. 저수용량 910만 t. 기껏 대구시 전체 생활용수의 약 3%를 담당하지만 요긴하기는 그보다 훨씬 퍼센티지가 높다. 댐이란 게 어디 용수가 우선이라지만, 아이들이나 데이트족들에게는 결코 어느 댐에도 뒤지지 않을 아늑한 맛이 있어 많이들 찾는다.

주위가 한적하고 출렁거리는 맑은 물에다 좋은 공기 들이키며 드라이브하기에 딱 좋은 코스. 근래에는 담장도 낮춰 시야가 탁 트여 댐을 멍하니 바라보는 이들도 많다. 물론 멍해도 그 속에는 꽉 찬 무엇들이 있을 테지만. 요즘에는 오르막에도 불구하고 젊은 바이크들이 무리지어 힘들게 달리는 모습들에서 지구력의 한계를 은근히 측정해 본다.

30. 송해공원·옥연지

달성군 옥포면의 옥연지는 이름이 무척 아름답다. 유리 같은 호수다. 또르르 옥이 구르는 듯한 소리가 귓전으로 구른다. 옥포는 위쪽 비슬산 북편의 기슭에 자리한 천 년 고찰 용연사 골짝에서 옥같이 맑은 물이 흐른다 해서 붙여진 이름이다. 한때는 옥계라 불릴 만큼 청정한 지역이다. 그 물을 담았으니 얼마나 맑을까.

모윤숙이 '렌의 애가'에서 호수의 수면에 밤이면 창백한 별 무리들이 소복이 그 광채를 가져온다고 했듯이 그 광채를 소리로 변환할 수 있다면 '또르르' 옥 구르는 소리가 아닐까 싶다. 최근 이 일대는 송해공원으로 이름을 하나 더 달며 인기 급상승. 호수 옆 동네가 우리나라 연예계의 대부 송해선생 처가댁이고 이런 연유 등으로 송해선생도 달성군 홍보대사 직함에 어울리게 달성군이라면 발 벗고 나서기에 참 호흡이 마치 옥 구르듯 잘 맞다. 대구지역 가보고 싶은 곳 중 김광석거리와 함께 선두를 다툰다.

호수 위에는 걷기만 해도 100세는 건강하게 가뿐하다는 백세교와 팔각정 백세정을 비롯 한겨울이면 금굴 아래쪽 산비탈에 거대한 빙벽까지 생겨 장관이다. 없던 커피숍도 생겼고 이 일대가 지금 인파로 붐비고 있다. 그 이유는 천혜의 자연 조건이 주는 건강한 걷기 힐링 코스가 잘 닦여 있기 때문이다. 앞으로 송해 기념관이나 박물관도 생기면 그 많은 관광객들을 어이할까.

30. 송해공원 · 옥연지

100 군데 달성의 매력

30. 송해공원·옥연지

31. 구지 오설리 연꽃

흔히 연꽃하면 부처님이나 심청이를 떠올리기 십상이지만 중국 송나라 주돈이의 '애연설愛蓮設'도 꽤나 떠올리는 편이다. 도연명이 국화를 사랑했고 당나라 이후 세상 사람들은 모란을 좋아했으나 주돈이는 스스로 혼자 연꽃을 좋아한다고 큰소리쳤다. 왜? 진흙에서 나서도 더럽혀지지도 않고, 맑고 잔잔한 물에 씻기어도 요염하지 않고, 속은 통하고, 겉은 곧으며, 덩굴지지 않고, 가지치지 않아 좋다는 것. 그러면서 '향원익청香遠益淸'이라고 유명한 구절이다. 향기는 멀수록 더욱 맑기만 하다는 것.

달성군 구지면 오설리의 그리 넓지 않은 연밭에는 이렇듯 주돈이의 연향이 사철 맑은 느낌으로 스며든다. 하물며 연꽃 피는 시절에는 어떨까. 가보나 마나다.

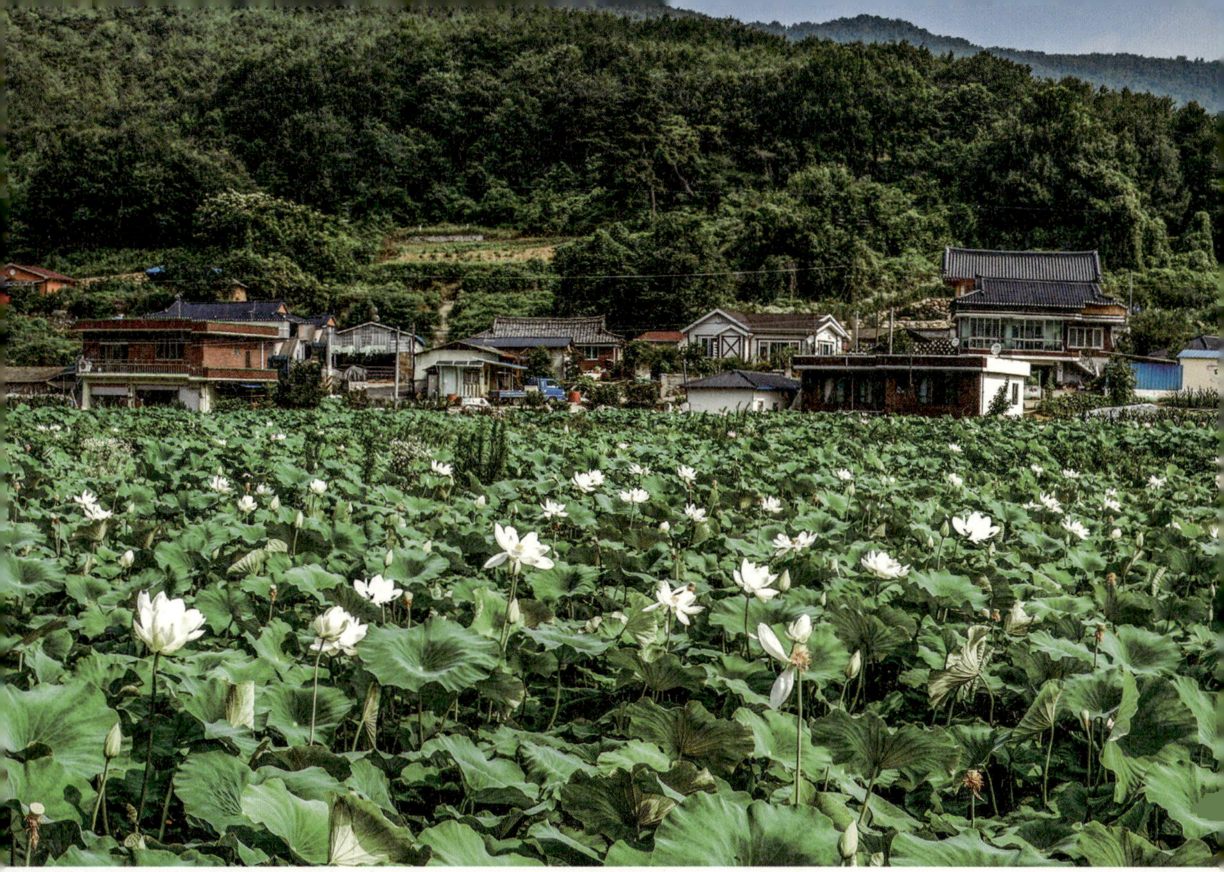

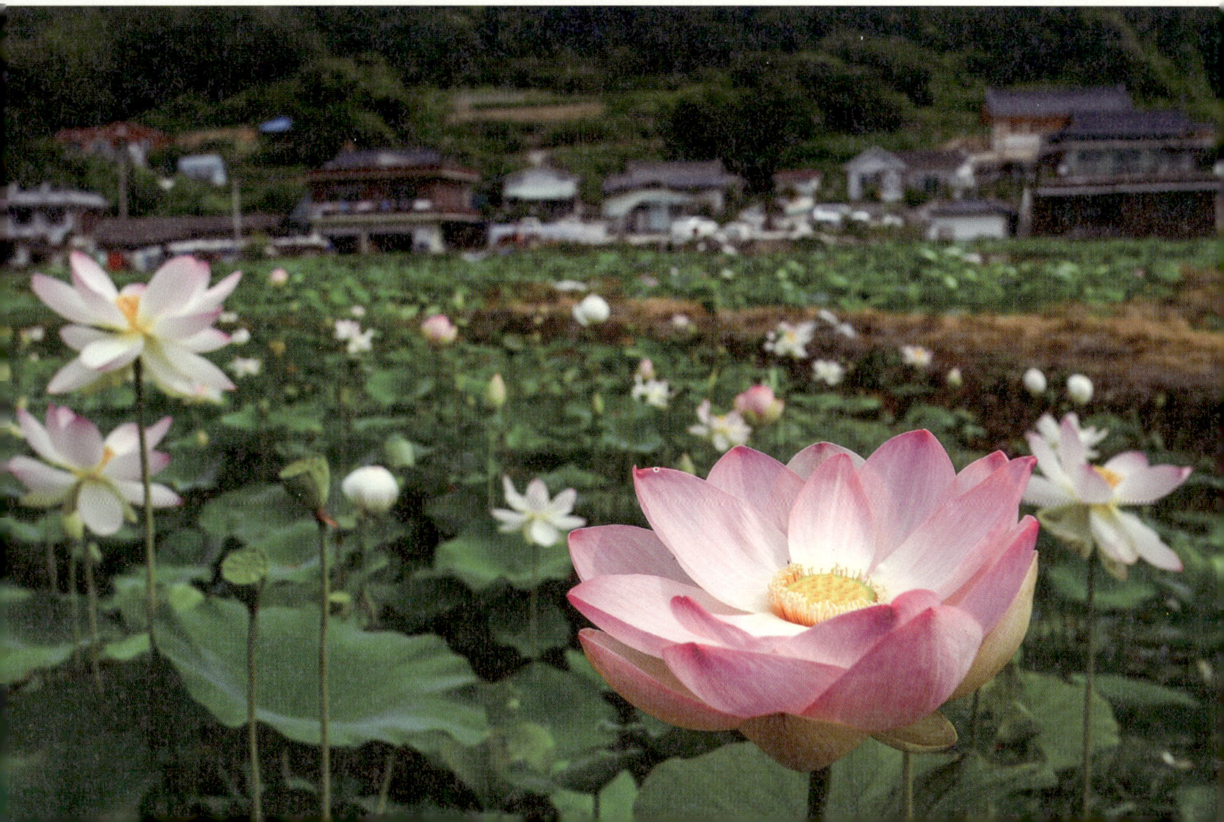

32. 젊어지는 도시

도시의 인구 감소는 무엇을 의미할까. 그렇다면 도시의 인구 증가는 또 어떻게 풀이할까. 이 두 겹을 의미하고 풀이함에 가장 우선순위를 둬야할 것은 마땅히 희망과 행복과 미래에 대한 가능성일 것이다. 특히 젊은이들의 이동에는 상당한 용기를 필요로 한다. 젊은이들이 떠나는 도시 이야기들이 심심찮게 매스컴에 오를 때마다 느껴지는 것은 왜 젊은 그들을 위해 할 수 있는 일들을 하지 않는 것인지 안타까울 뿐이다.

달성군은 지금 매일매일 젊어지고 있는 도시다. 25만 명을 넘어 곧 다가올 30만 명 시대를 준비하고 있다. 이렇게 급격한 인구 유입은 그 원동력이 젊은이들이란 점이다. 산업화에 맞춘 풍부한 일자리, 교육, 자연환경, 문화와 예술, 보건과 복지, 주거지에다 사통팔달 교통 등 내심 젊은이들이 원하는 무엇들이 가득한 도시기 때문이다.

전국 82개 군중 가장 많은 인구라는 이야기는 이미 구문이다. 평균연령도 38세로 전국기준 40세보다 무려 2세나 낮다. 그보다 평균연령이 해마다 낮아지면 얼마나 낮아질까가 궁금하다는 것이다. 평균연령이 낮다는 것은 인구유입에서 젊은이들이 차지하는 비중이 높다는 뜻. 성자 라즈니쉬는 "젊은이들은 항상 미래를 내다보고, 노인은 미래가 없기 때문에 항상 과거를 되돌아보게 마련"이라고 했다. 젊어지는 도시 달성이 부럽다.

32. 젊어지는 도시

33. 진천천 생태공원

　도랑은 폭이 좁은 작은 개울. 그 개울들이 모여 시냇물이 된다. 시냇물은 하천을 흘러 강물과 만나고, 강물은 바다로 흘러 대양을 이룬다. 아이들이 즐겁게 뛰놀며 부르는 노랫말이다. 달성군 화원읍 진천천에도 이런 노래는 쉽게 들린다. 몇 해 전만 해도 여름 장마철이면 상습 침수 지역이던 이곳이 지금은 말끔히 단장돼 늘씬한 생태공원으로 탄생했다. 네티즌들은 다퉈 이 사실을 인터넷에 올렸다. 그 중 재미있는 한 구절이 눈에 든다. "진천천이 때 빼고 광내고 꽃단장을 했다"는 것.

　명품 하천으로 거듭나면서 이곳에는 파크골프장, 트레킹 코스, 자전거 길, 잔디광장, 산책로 등 몰라보게 달라진 풍경들이다. 덩달아 부동산 값도 뛴다니 이게 일석이조가 아닌 일석 몇 조나 될까. 한 여름 밤. 동호인들의 색소폰 소리가 사는 맛을 더해 준다. 환경, 특히 자연 환경을 두고 '생각하는 기술'을 접목한 덕분이다. 만약 '생각하는 기술'을 접목만 했다면 진천천의 여름은 여전히 무덥기만 할 것이다.

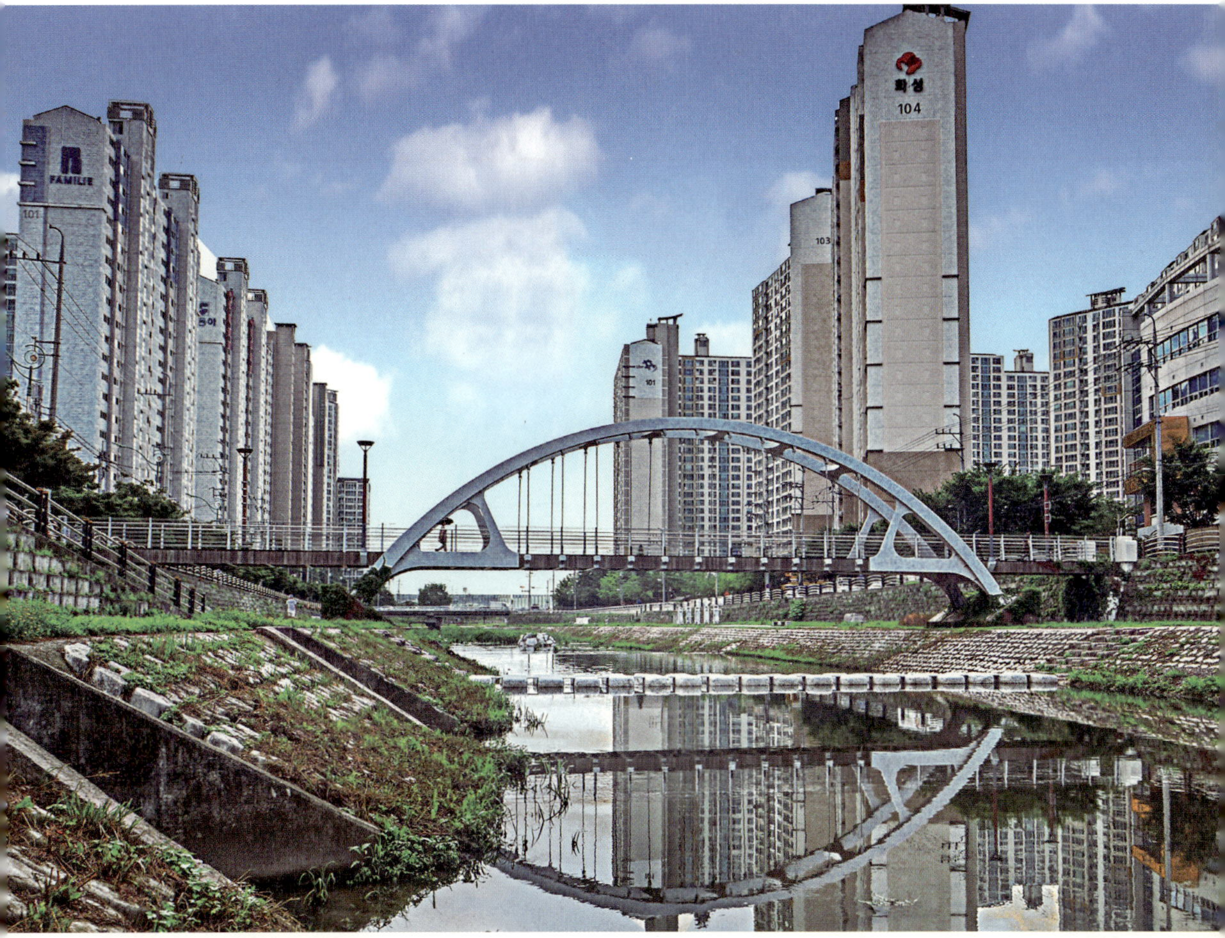
FAMILIE
101
화성
104
103

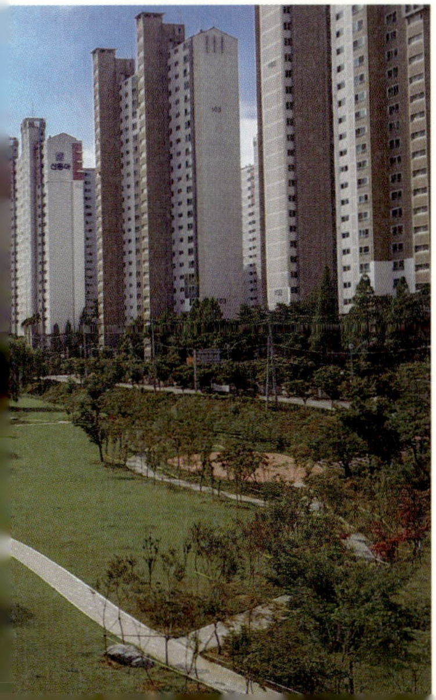

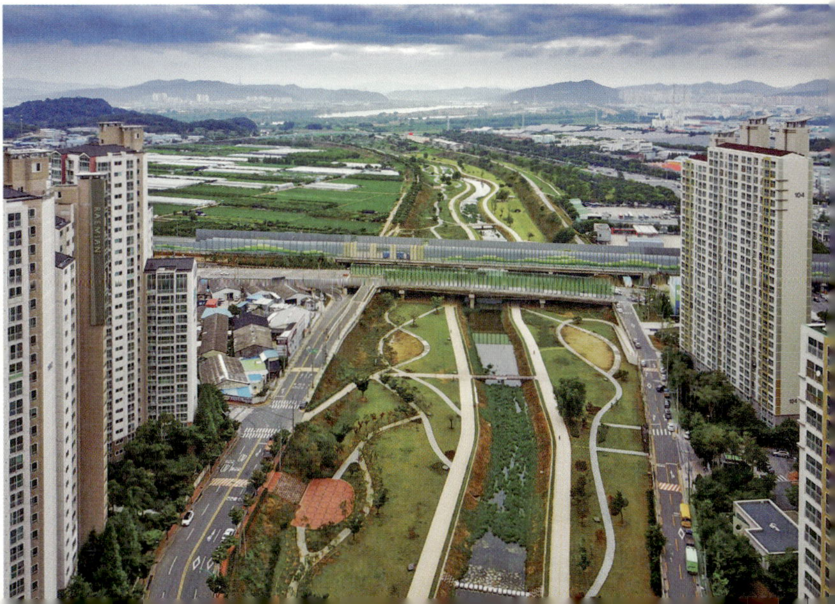

34. 옥포 교항리 이팝나무

달성군 옥포면 교항리 다리목 마을 입구의 3천여 평에 이르는 세청 숲 이팝나무 군락지. 전국에서도 드문 이팝나무 군락지다. 지난 1991년 천연보호림으로 지정됐다. 수령 400년이 넘는 나무도 수십 그루나 된다. 두어 해 전에는 정부의 '우리 마을 향토자원 베스트 30'에 당당히 선정됐다. 쌀밥 같은 하얀 꽃이 필 때는 아이들을 동반한 가족과 연인들, 하이킹족들을 비롯 생물학계에서까지 몰려든다.

왜 '이팝'일까에는 몇 가지 설이 있다. 그 중 이성계가 쌀밥이 귀한 함경도 백성들에게 내린 쌀밥을 '이밥'이라 부른데서 '이팝'으로 되었다는 설이 가장 재미나고 그럴 듯 하다. 청와대에서도 16그루나 구입해 뜰에 심었다는 것. 이팝나무는 달성군의 군목이기에 상징성이 더해진다.

수필가 김태길 선생이 "나무들은 말이 없으나 뜻은 서로 통한다"고 했다. 달성군-군목-청와대. 이팝나무로 엮인 것이 어딘가 뜻이 통하는 매우 실감나는 대목이질 않는가. 개화가 한창일 때 이팝나무 꽃잎 우수수 떨어지는 것을 입으로 받으면 눈자위와 코 끝 등에도 묻어 묘하고 상큼한 기분이 든다. 물론 배도 부르다.

35. 도동서원 은행나무

은행나무 중에서도 가장 유명한 은행나무는 달성군 구지면 도동서원 은행나무다. 은행잎이 물들기 시작하면 금방 가을 햇살에 한창 달궈져 노랗다 못해 황금색이다. 더 장관인 것은 잎들이 떨어져 바닥을 온통 샛노랗게 물들였을 때. 별천지다. 관능적인 오스트리아 태생 작가 구스타프 클림트가 즐겨 썼던 그런 색감을 연상케 한다.

400년 수령이라면 짐작도 수월하지 않다. 어른 아이 몇이 팔 벌려 나무 둥치를 껴안아 보지만 굵기가 좀체 실감이 나지 않는다. 식구들 모두 팔을 붙여 보지만 다들 핵가족이라서 그 또한 실측이 쉽지가 않다. 그러는 동안 아이들은 즐겁고 어른들은 그 정경을 사진에 담느라 시간 가는 줄 모른다. 은행나무도 이렇게 시간 가는 줄 몰랐을까.

10년을 넘게 소학만 읽었다해서 소학동자로 불렸던 조선 전기 성리학자 한훤당 김굉필(1454-1504)의 후학 한강 정구가 1607년 도동서원이 사액된 것을 기념해 심었다는 이야기가 전한다. 한훤당은 조선 5현 가운데 최고 격인 수현首賢으로 추앙받았다.

은행나무를 예찬한 문인들도 많다. 김동리는 '은행 잎'이라는 글에서 은행나무의 특징은 잎새라며 '가을의 그 샛노랗고 물든 맑고 깨끗한 빛깔이란 대체로 구질구질한 편인 우리 인간들에겐 너무 과분한 귀물貴物같기만 하다"고 묘사했다. 대체로 그렇다는 말이지 사람들 중에는 자갈같은 인간도 있고 보석같은 인간도 있으며, 달걀보다 깨지기 쉽고 바위보다 단단한 사람도 있으니 빛깔 좋은 은행잎에 지나치게 매달릴 이유는 없다. 그래도 도동서원 은행나무는 너무나 아름답고 빛깔 좋다. 꼭 한번들 가시게.

35. 도동서원 은행나무

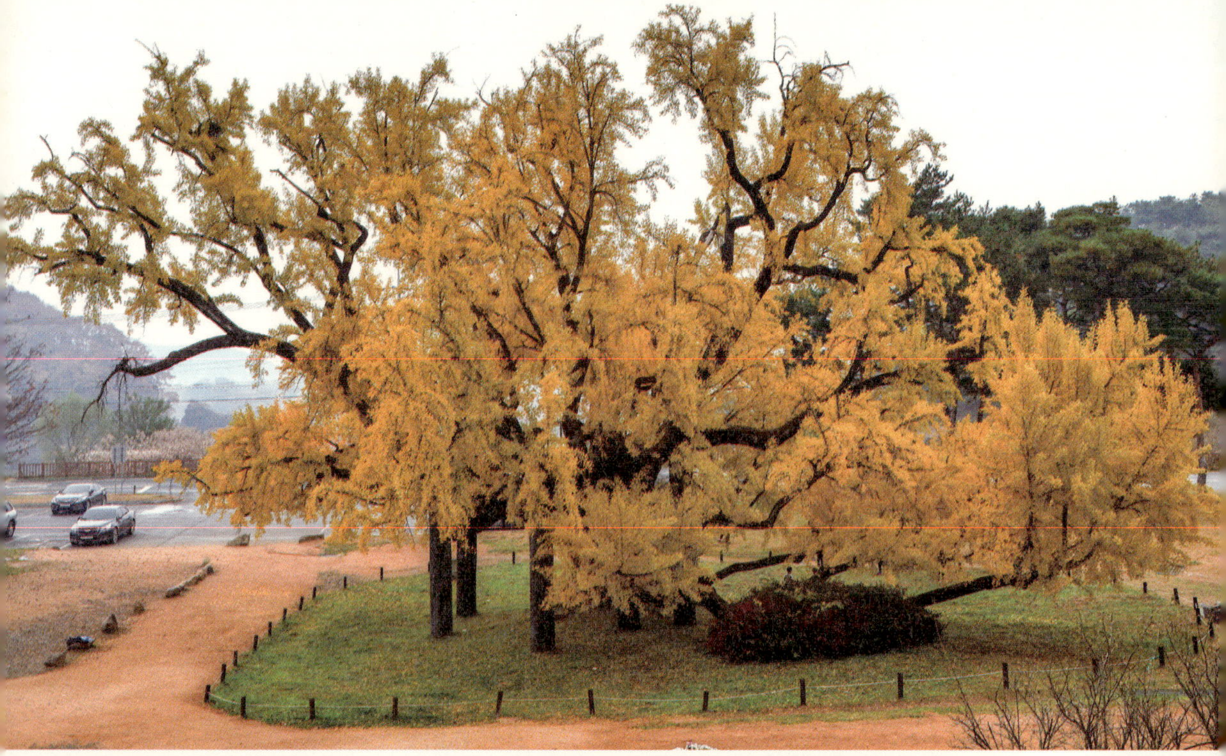

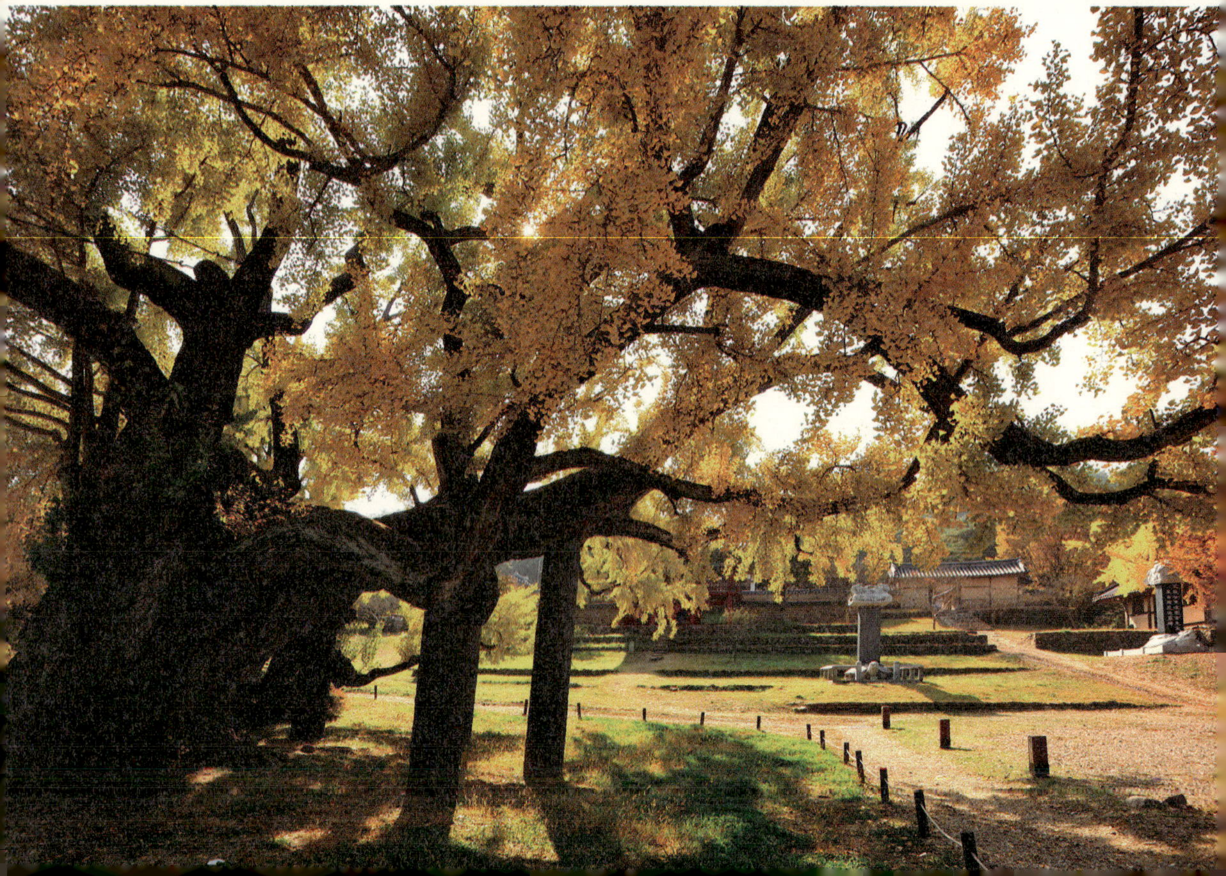

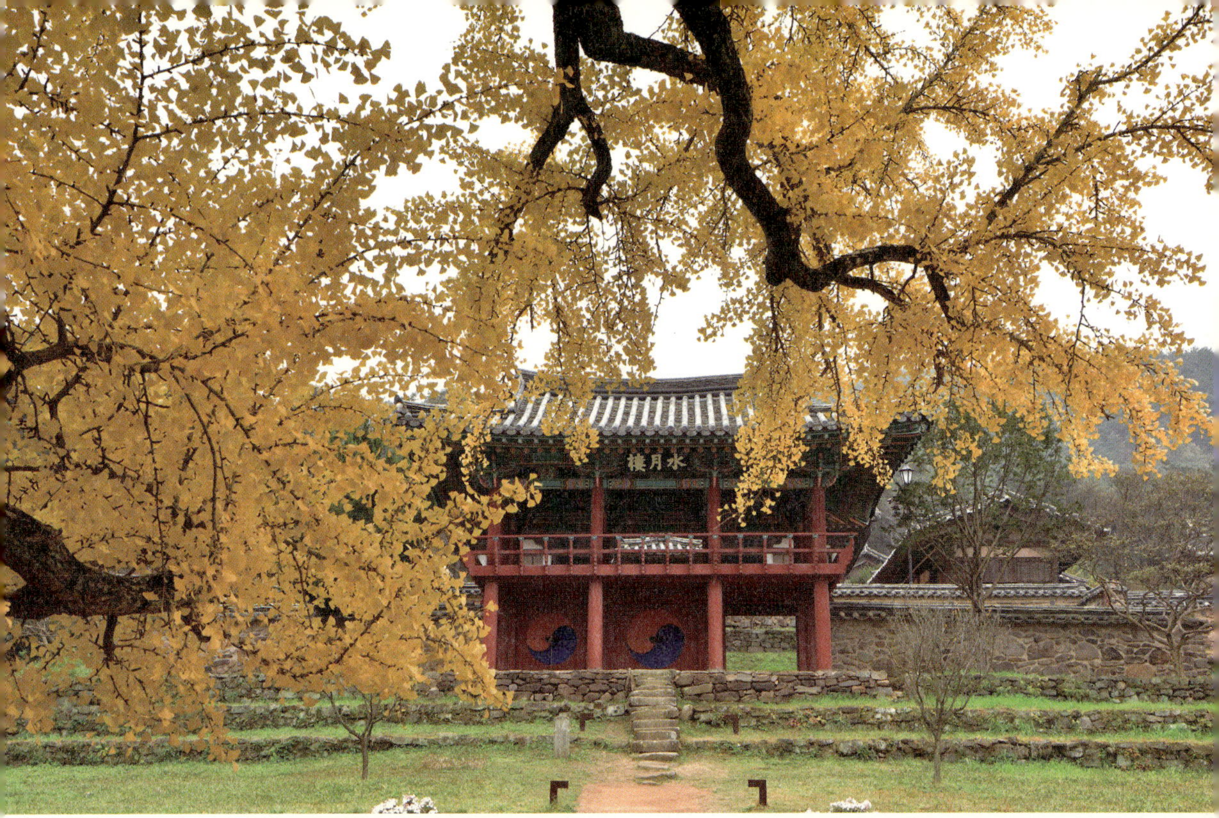
水月樓

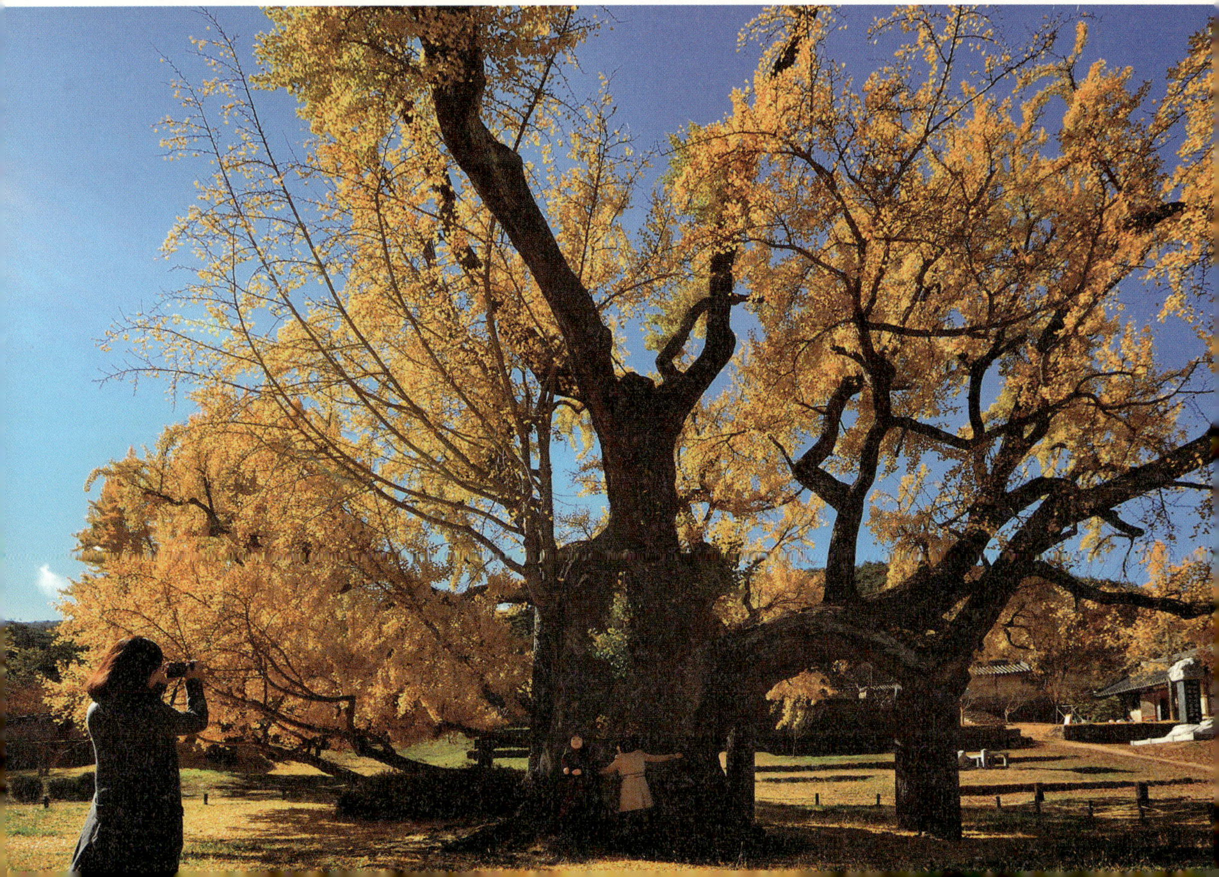

36. 현풍초등학교

지난 2006년 개교 100주년에 이어 2012년 100회 졸업생을 배출한 현풍초등학교는 1906년 4월 지방 유지들이 힘을 모아 사립구양학원을 설립한 것이 모태다. 그렇게 따지면 올해는 개교 111주년이 되었다. 학교로 정식 인가해 개교한 것은 1910년으로 그때는 수업년한이 4년이었다. 그동안 양성된 인재만 1만5천여 명. 1950년대만 해도 인근 마을의 지붕들이 대부분 초가다. 현재의 모습과 비교해도 격세지감이 느껴진다. 이 많은 인재들이 달성군, 나아가 대구와 영남을 넘어 오늘의 한국을 있게 한 동량이었다.

교육이 백년대계임을 피부로 느낄 수 있는 산교육 현장. 로마시대 뛰어난 서정시인 호라티우스는 "교육은 사람의 타고난 가치에 윤기를 더해 준다"고 했다. 윤기 흐르는 학교다. 윤기 흐르는 달성군이다. 윤기 흐르는 대구요, 대한민국이다.

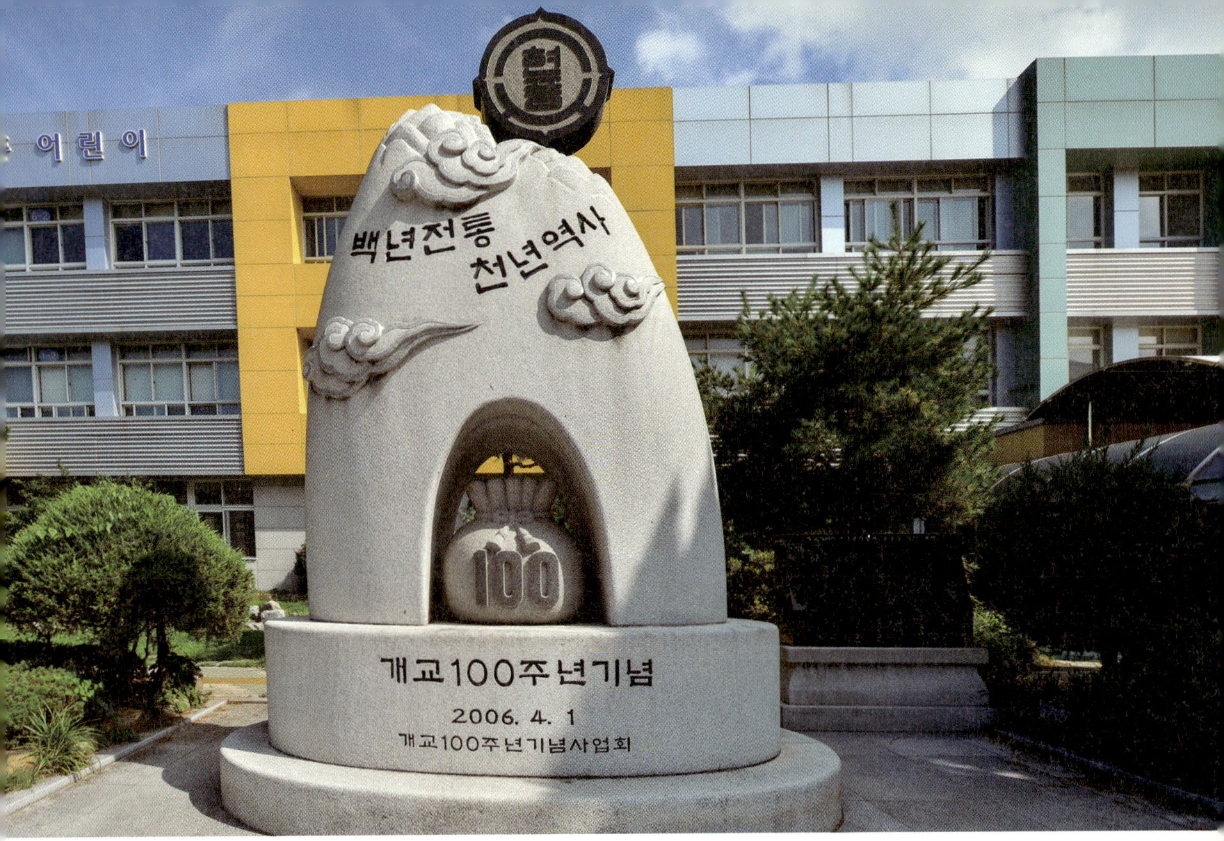
어린이
백년전통
천년역사
100
개교100주년기념
2006. 4. 1
개교100주년기념사업회

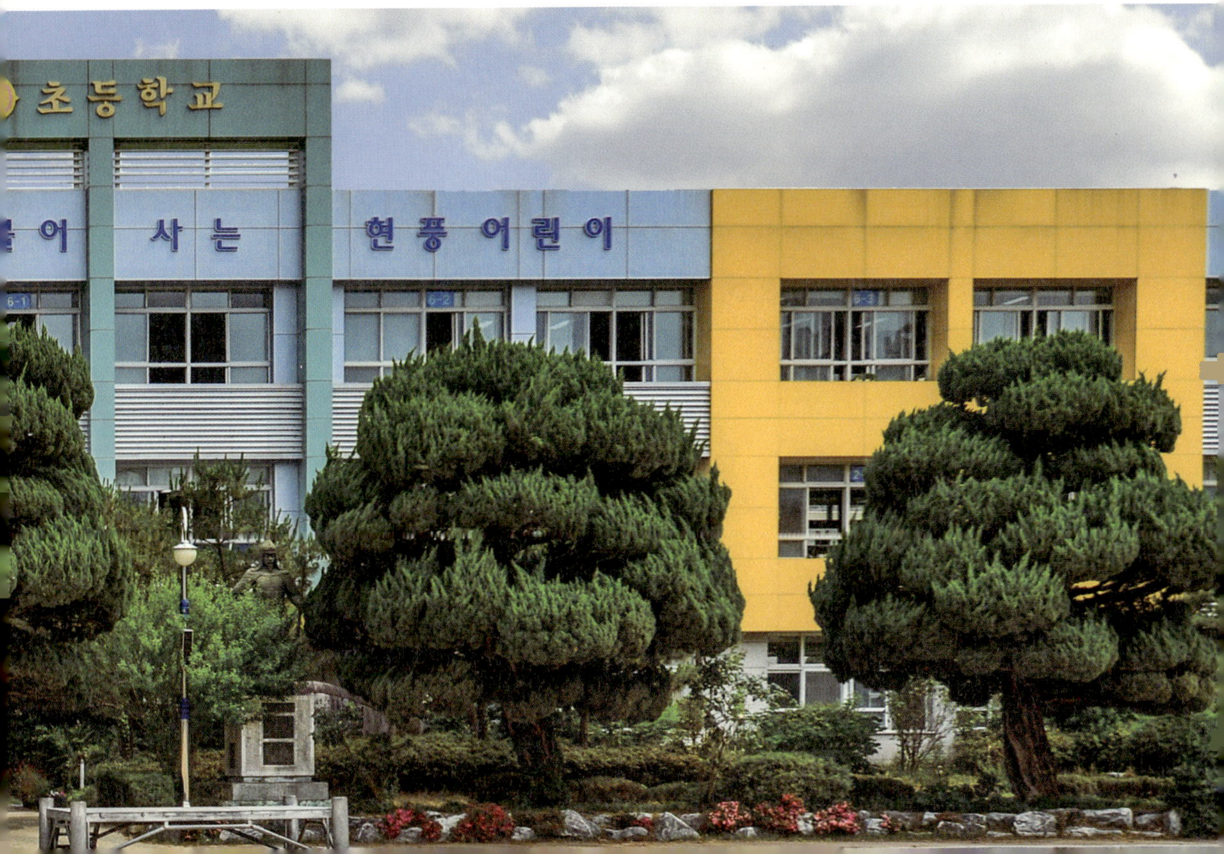
초등학교
어 사는 현풍 어린이

37. 국립대구과학관

달성의 새로운 자랑거리다. 2013년 크리스마스 이브에 개관. 이미 각종 홍보와 입소문이 겹쳐 주말이면 가족과 함께 온 어린이·청소년들로 넘친다. 달성군 유가면 상리에 위치해 있다. 비슬산의 정기를 그대로 받고 있는 위치다. 미래 사회에 요구되는 창의적인 인재 육성이 큰 목표 중 하나다. 과학기술에 대한 호기심과 흥미를 유발하는 다양한 기획전시가 볼거리.

여기에 체험공간도 많아 더 인기다. 천체투영관, 사이언스광장 등 이름만 들어도 호기심이 갈 수 밖에 없다. 프랑스의 계몽사상가 루소는 "교육의 목적은 기계를 만드는 데 있지 않고, 사람을 만드는 데 있다"고 했다. 쉬운 일은 아니지만, 과학이라는 전차로 기계만을 고집하는 일부 현대인들의 과욕에 경종을 울린 새겨들을만한 한마디다. 매년 과학 기자재들이 새롭게 들어 오고, 각종 공연이나 영화 등도 인기가 좋다. 특히 과학관 주위에 새로 지은 아파트들이 많고, 입주자 대부분은 젊은이들이라 정말 잘 어울린다. 지난해 처음 열린 '아이조아페스티벌'은 이런 분위기에 잘 맞아 대박이 됐다.

100 군데 달성의 매력

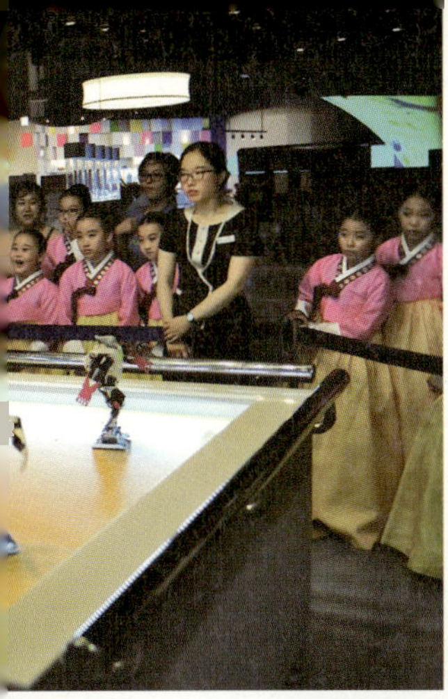

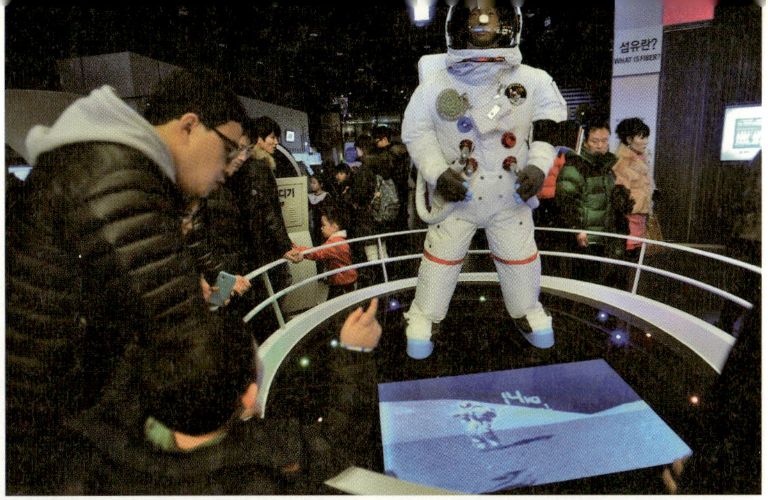
섬유란?
WHAT IS FIBER?

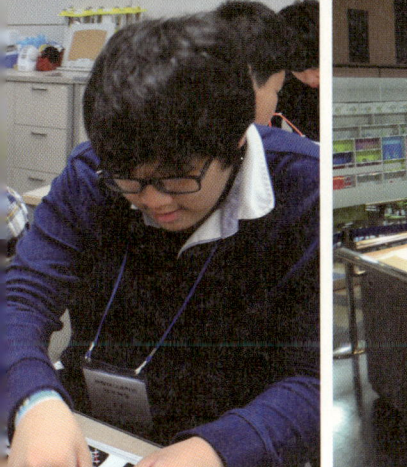

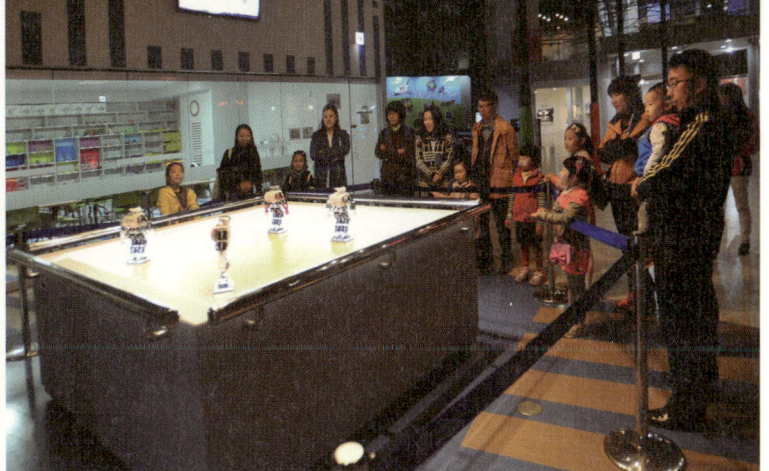

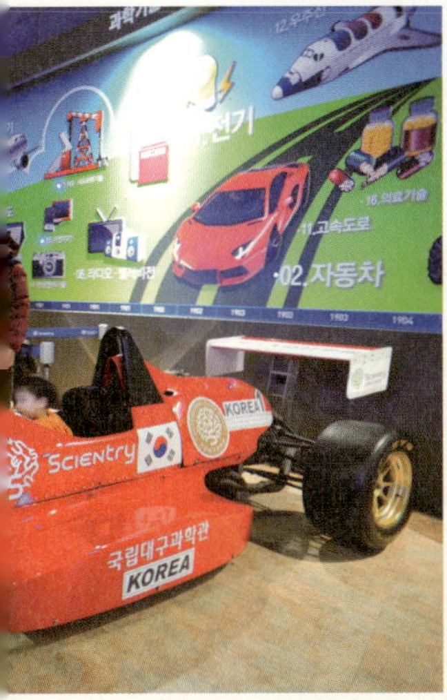
02.자동차
11.고속도로
16.의료기술
Scientry
KOREA
국립대구과학관
KOREA

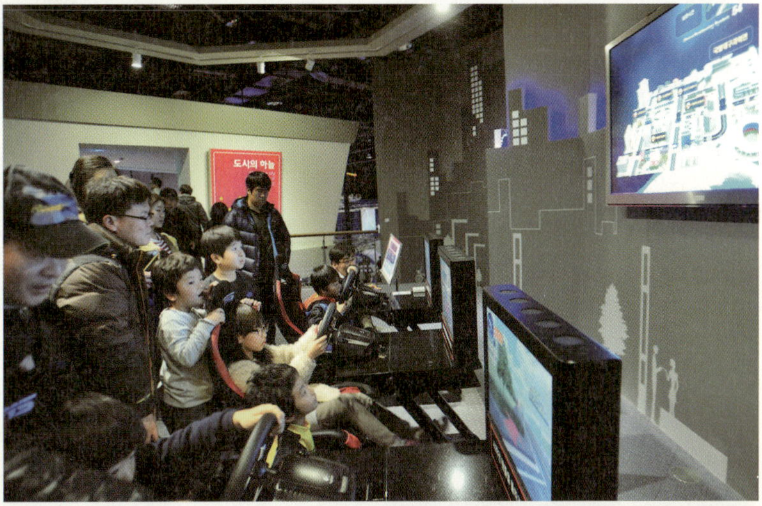
도시의 하늘

38. 대구경북과학기술원(DGIST)

박사 도시. 한때 현풍지역에 몰아친 부동산 붐에 업자들이 낸 호소력 넘치는 광고 문구였다. 끝내 현풍은 확 달라졌고 인근 유가면·구지면과 함께 동반 성장하면서 오늘에 이르고 있다. 국가산업단지를 중심으로 그 일대가 첨단 산업의 메카로 발돋움했다.

비슬산의 정기를 내리받는 현풍. 변혁의 그 한가운데에 세계 초일류 융복합 연구중심대학으로 우뚝 선 디지스트(DGIST). 우리나라 연구개발 인프라가 수도권과 대전지역에 집중된 현실에서 DGIST는 그 역할이 국가균형발전에도 지대한 영향을 끼칠 것으로 기대된다. 로봇과 생명공학을 비롯 첨단과학 분야의 박사들이 모여 오늘도 연구와 교육에 매진하고 있다.

사진 : DGIST

사진 : DGIST

사진 : DGIST

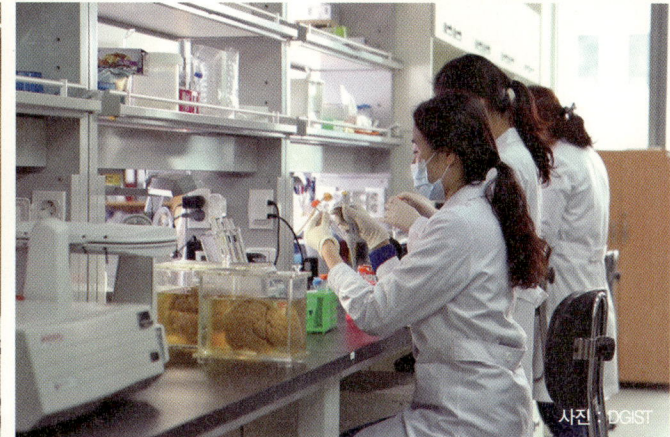
사진 : DGIST

사진 : DGIST

사진 : DGIST

39. '100년 타워'와 달성군청

　1914년 대구부와 현풍군을 합쳐 달성군이 새롭게 출발했다. 개청 100주년을 두어 해 넘긴 셈이다. 지난 2005년 신청사를 완공, 젊고 푸른 경제, 첨단 녹색 도시, 행복 복지·알찬 교육, 풍부한 역사 문화 관광, 한마음 열린 군정을 군정 지표로 삼고 있다. 대구 전체 면적의 절반에 가까운 48%를 점유한 광대한 달성군이다. '대구의 뿌리 100년 달성 꽃피다'라는 슬로건으로 군민들의 행복을 꽃 피우기 위해 오늘도 쉼 없이 매진하고 있다. 노신은 "태어날 때부터 특별한 것이 아니라, 평민이 변화한 것 뿐"이라고 했다. 채근담에도 "오직 공정하면 명지明智가 생기고, 오직 청렴하면 위엄이 생긴다"는 글귀도 생경스럽다. 달성군의 청렴도는 정평이 나 있다.

　군 청사 앞에는 군 개청 100년을 기념하고, 미래 100년의 비상을 상징하는 100년 달성 기념 상징 조형물이 있다. '100년 타워'다. 높이 26m, 폭 21m 규모. 저녁 불빛이 들어오면 우아하고 아름다운 자태는 웅군 달성군의 위상에도 딱 들어맞는 느낌이다. 주변 수변공원과 여러 개 조각 작품들이 랜드마크 '100년 타워'와 한데 어울려 제법 근사한 풍경을 연출한다.

40. 가창 미술 코스

대구 중심가와 비교적 가깝고 경관이 우수한 가창 지역에 최근 문화예술인들의 발길이 잦아지고 있다. 창작 공간과 전시장을 둘러보며 대구와 달성의 문화와 예술을 탐방하기에 알맞은 미술 코스. 가창 창작스튜디오와 대구미술광장이 있고 그 밖에 구석구석 미술작가들이 작업공간을 확보해 나름대로 공예, 회화, 조각, 설치미술, 도자기 등 창작 활동에 여념이 없다.

대구문화재단이 운영하는 가창창작스튜디오는 지난 2007년 가창초등학교 우록분교가 폐교되면서 작가들의 레지던시 등으로 활용되고 있다. 유망한 신진작가들의 안정적인 창작 공간인 셈. 입소하기 위해서는 철저한 검증 등을 거쳐 선발한다. 10여 명 내외의 국내 작가와 해외 작가도 매년 서너 명씩 선발돼 치열한 작업을 하고 있다.

이밖에도 가창 쪽으로 나들이 손님들이 늘면서 커피숍도 많이 생겨 커피숍 일부를 전시공간으로 활용, 기획 전시들이 느는 등 해마다 눈에 띄게 각종 전시들이 늘고 있는 추세다. 또 개인 작업실도 많아 운 좋으면 좋은 작가들과 담소도 할 수 있다. 볼테르가 "모든 예술은 형제이고, 서로가 서로를 비춘다"고 했듯이 가창 미술 코스에서 이뤄지는 갖가지 미술 작업들 역시 서로를 비추고 있다 너와 나, 그리고 우리들.

41. 달성문화재단

41. 달성문화재단

지난 2011년 출범해 아직 연륜이 많이 익지는 않았지만 연륜에 비해 역량 있는 문화예술 활동과 지원으로 문화도시 달성의 가치를 더 높이고 있다. "문화란 것을 위에서부터 밑으로 눌러 대서는 안 된다. 그것은 밑에서부터 성하여 위로 오르는 것이기 때문이다"라고 밝힌 리드의 정의를 실현키 위해 남다른 노력을 보이고 있다. 매년 초 '신년음악회'를 시작으로 '비슬산 참꽃문화제', '강정 대구현대미술제', '아이조아페스티벌', '달성 100대 피아노', 전국 유일의 '성악중창페스티벌', 50권을 목표로 매년 4권 발행하는 시리즈 '대구의 뿌리 달성 산책' 등이 주요 사업이며, 이 밖에도 연중으로 도동서원활용사업, 뮤지컬, 달성음악회, 고택음악회, 각종 학술세미나, 달성군립합창단 운영, 전국사진공모전 등 숱한 지역 밀착형 사업들을 펼치고 있다.

사진 : 달성문화재단

사진 : 달성문화재단

사진 : 달성문화재단

사진 : 달성문화재단

41. 달성문화재단

126　　　　　　　　　　　　　　　　100 군데 달성의 매력

42. 달성문화원

　문화란 무엇인가를 생각해 볼 때 늘 로드리게스의 "문화는 우리가 원하든 원하지 않든 존속한다"는 이 한 마디가 폐부를 찌른다. 문화부 장관을 지낸 이어령도 "뿌리 없는 문화, 그것은 플랑크톤의 문화다"라며 대중과 생활 속에 스며드는 문화를 강조해 왔다.

　지난 1986년 개원한 달성문화원은 달성군 현풍면 현풍동로 92에 위치해 있다. 오랫동안 달성충효문화학교를 운영하며 이 지역의 문화 예술 활동을 가르치고 지원해온 몫이 대단하다. '달성마을지' '달성문화유적요람' '달성문화대요' 등 굵직한 책들을 간행하는 등 지역의 문화 창달에 오늘도 이바지 하고 있다.

43. 달성군립합창단

    달성문화재단에서 운영하는 군립합창단. 지난 1999년에 창단돼 매년 11월 정기연주회를 가진다. 올 해는 '가을에 듣는 아름다운 하모니'를 주제로 달성군청 강당을 여지없이 꽉 메우게 했다. '소리의 미학'이라는 등 인터넷에 누리꾼들의 찬사도 많이 받았다. 지휘

자 유동찬. 음악은 삶에 있어서 늘 즐거운 일이다. 장 콕도는 "비엔나에서는 우리들이 호흡하는 공기까지도 음악적이다"라고 했다. 그 도시의 음악적 분위기를 센스있게 전하는 말이다. 그러고 보니 달성의 공기도 군립합창단 하기 나름이다.

44. 달성군 마을깃발(95개 법정동)

　이해를 돕기 위해 우선 '행정경계'에 대한 설명이 필요할 것 같다. 그 경계는 사용 목적에 따라 법정동과 행정동으로 구분된다. 법정동은 예로부터 전래되어 온 전통적인 지역 이름으로 법률적 행위 때 주로 이용되는 동명. 행정동은 행정관서가 행정능률과 주민의 편의를 도모하기 위해 설치된 행정구역이다. 따라서 법정동은 여간해서 바뀌지 않는다. 행정동은 그러나 더러 바뀌는 편이다.

　달성군에는 95개의 법정동이 있다. 몇 년 전 달성문화재단은 달성군과 함께 법정동의 마을 깃발을 대구대 디자인과에 의뢰해 만들었다. 그 마을의 유래와 역사 및 특성을 고려해 산뜻하게 디자인한 마을 깃발은 전국에서 처음 있는 일이다. 대구시 전역의 법정동 수는 290개. 달성군에는 이번에 깃발을 만들었으니 나머지 195개의 마을 깃발을 만들면 이 깃발들을 한데 모아 깃발축제라도 벌이는 날. '이것은 소리 없는 아우성'으로 시작되는 유치환의 시 '깃발'이 낙동강 강변에 힘차게 나부끼지 않을까. 달성군에서는 마을 깃발을 체육대회나 동네 어귀에 세우는 등 적극적으로 활용하고 있다.

45. 유치곤장군 호국기념관

영산 비슬산 중턱의 양지 바른 달성군 유가면 양리에 위치. 유치곤장군기념관의 주인 유치곤장군은 공군 조종사로 한국전쟁이 치열하던 지난 1952년 북한군의 주 보급로였으며 미군도 감히 성공시키지 못했던 평양 승호리 철교폭파작전을 성공시킨 주역. 이곳이 고향이다.

유장군은 신상옥 감독의 영화 '빨간 마후라(1964년 개봉)'의 실재 모델이었다. 국가보훈처는 2012년 '6.25 전쟁 영웅 17인'을 선정했는데 유장군이 당당히 뽑혔다. 전쟁 당시 사용하던 비행기들이 전시돼 있으며 아이들이 직접 비행기에 올라타 용맹했던 빨간마후라를 경험해 보기도 한다.

45. 유치곤장군 호국기념관

46. 대니산 패러글라이딩

대니산. 408.3m. 달성군 구지면 오산리. 낙동강 구지 물 도리로 휘감고 있는 대니산은 요즘 산악자전거의 요람 이자 그리스 신화에 나오는 하늘을 날고 싶어 하는 이카 로스의 꿈을 실현시키기 위해 패러글라이딩으로 유명세 를 타고 있다. 항공레저의 대명사로 불리는 패러글라이딩 에 대니산은 매우 좋은 조건을 갖추고 있다. 이륙장과 착 륙장의 표고 차가 400m 안팎. 비행거리를 약 8km로 잡으 면 30분 내외로 비행을 마칠 수 있기 때문이다.

높푸른 창공 아래 낙동강의 탁 트인 시야 사이를 날 아가는 패러글라이딩의 멋. 최적의 시속 10~15km 맞바람 일 때도 잦아 인기가 좋다. 비행기가 우리들에게 직선을 가르쳤다면 패러글라이딩은 허공에서 그려지는 우아한 곡선을 우리들에게 가르쳤다. 직선은 그래서 인공적이지 만 자연은 언제나 직선을 피하기 마련이다. 곡선이 좋은 이유다.

47. 가창 대림생수

대구사람들 '가창 대림생수 모르면 간첩이다'는 농이 오갈 만큼 유명하다. 식수난이 터질 때 마다 북새통이라지만 평일에도 대림생수는 늘 북새통이다. ㈜대림프라콘의 계열사인 '대림생수'라는 비영리 기업이 벌써 30년 넘게 대구시민들에게 물값 없이 하루 10만 리터 이상을 공급하고 있다. 맥반석 성분이 다량 함유돼 물맛이 좋다. 당연히 수질검사에서도 항상 최고점을 받을 만큼 수질이 좋다.

이 회사의 창업주는 '물을 돈과 결부시키지 말라'는 철칙을 남겨 유명하다. 꼭지를 틀면 물이 그냥 콸콸 정말 시원하게 나온다. 웬만큼 큰 생수통도 금방 찬다. 시설과 유지비만 해도 지금까지 수십억 원이 들었다는 것. 뉴욕의 물값을 록펠러재단이 댄다는데 그에 못지않은 사회적 기여다. '수불세수水不洗水'라고 물은 물을 씻지 못한다는 야부선사의 말씀이 돈을 돈으로 씻지 못하는 것과 다를 바 없으리라. 물이 돈으로 보였다면 대림생수는 대구시민들의 기억에도 없을 것이다. 물이 귀해지는 시절에 참 다행이고, 고맙다. 달성 사람들 성품이 시원한 이유도 알겠다.

47. 가창 대림생수

48. 옥포 신당 수박

　낙동강 강변에 위치한 달성군 옥포면 신당리는 수박으로 유명하다. 들판의 지질이 비옥한 사질토로 비슬골에서 내린 맑은 물에다 충분한 일조량, 여기에 친환경농법으로 재배돼 영양이 풍부히다. 임금님께 올리는 진상품이었다는 설도 있을 만큼 당도(12도)도 높다.
　최근에는 훌륭한 맛에다 건강 다이어트 식품으로 새롭게 알려져 그 인기가 대단하다. 매년 5,000t 정도 생산. 흠이라면 지역에서는 좀체 신당수박 맛을 볼 수가 없다는 점. '황후

의 과실'이라는 브랜드로 출하되기 바쁘게 대부분 서울로 출하된다는 것. 6월도 되기 전에 동이 나버린다. 최근에는 이런 유명세를 타고 아이들에게는 수박체험장이 개설돼 이마저 인기다. 간혹 '수박씨 멀리 뱉기' 시합도 열렸다는데. 올해는 글쎄.

49. 옥포 교항·하빈 참외

달성군 옥포면 교항리 일대에서 재배되는 옥포 참외는 일면 '금싸라기' 참외로 정평이 나 있다. 맛이 좋고 깨끗해서 정말 먹음직스럽다. 당도가 전국에서 제일 높다(보통 참외는 당도 13도 정도지만 이곳 참외는 18도). 여기에 신선도가 오래 유지돼 저장성이 높은 것도 큰 장점. 황토질에서 재배된 아삭아삭한 참외 고유의 맛이 그대로 살아 있다.

달성군 하빈면도 대단한 참외 수확지다. 이곳에서 생산되는 '벌꽃사랑 참외'는 벌을 이용해서 자연수정 재배해 착과가 우수하고 저장성이 강한 것이 특징이다. 물론 당도는 당연히 높다. 껍질 또한 얇고 육질은 그러나 단단해 특유의 아삭아삭한 맛이 일품이다.

49. 옥포 교항·하빈 참외

141

50. 논공 토마토

달성군 논공읍 일대에서 재배되는 논공 토마토의 차진 맛은 타의 추종을 불허한다. 낙동강변의 비옥한 토질과 풍부한 일조량에서 우수한 단맛과 특유의 차진 맛이 어우러진다. 연간 매출도 100억 원을 넘는다. 수입이 좋기 때문에 토마토 재배는 논공에서 점차 달성군 전역으로 확대되는 추세다. 이런 엄청난 토마토 수확을 위해 달성군은 몇 해 전부터 '금반지를 찾아라' 라는 슬로건을 내세우고 토마토 축제를 열고 있다. 단시간 내에 대박난 축제로 평가 받고 있다.

토마토는 건강·장수식품 중 최고로 친다. 식탁은 태초부터 절대로 지루해지지 않는 유일한 장소라는 말이 있다. 건강한 식탁에 잘 익은 토마토 한 소쿠리. 보기도 좋다.

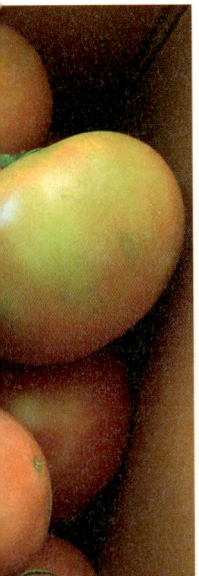

50. 논공 토마토

51. 유가찹쌀

비슬산 아래 달성군 유가면 일대는 지금 천지가 개벽된 듯 많은 변화가 여전히 진행중이다. 아파트가 들어서고 상가가 원 없이 매일 다르게 입점하는 등 그야말로 상전벽해다. 도심이라 해도 전혀 낯설지 않은 풍경이다. 그렇지만 그 땅들은 몇 년 전만 해도 질 좋은 찹쌀 산지로 유명했던 들판이었다. 예로부터 유가찹쌀은 찰기도 넉넉하고 윤기도 자르르 흘렀다.

그 옛날. 경상도 선비들이 과거 보러 한양 갈 때 유가찹쌀로 빚은 찰떡을 봇짐에 넣어야 과거를 잘 치를 수 있었다는 이야기는 그만큼 유가찹쌀의 진가가 남다르다는 뜻이다. '과거 합격 떡'인 셈이다. 요즘 수능과는 비교도 되지 않지만.

심지어 청와대에서도 더러 명절선물로 유가찹쌀세트를 구입했다니 그런 것도 다 선비들의 '과거 합격 떡' 유명세 탓이 아닐까 싶다. 유가찹쌀로 떡을 빚으면 빨리 응고되지 않아 기운이 약하거나 위장이 거북한 사람들에게는 최고의 음식. 이런 유가찹쌀의 명맥을 잇기 위해 달성군은 좁아지는 들판에도 불구하고 온갖 아이디어를 짜 낸다니. 그 아이디어가 통했으면 좋겠다.

52. 세계유일 지능형 자동차부품시험장

신성장 동력이랄까. 첨단 달성의 새로운 자랑거리 중 하나인 지능형 자동차 부품시험장. 국내에서는 처음이자 세계에서도 이만한 규모는 유일한 타이어 등 자동차부품 성능을 테스트하는 전용시험장이다. ITS를 기반으로 했다. 인접한 국가산업단지와는 떼려야 뗄 수 없는 관계. 이웃하여 국립대구과학관과 DGIST 등이 있어 달성의 미래는 밝다.

낙동강변을 끼고 늘씬하게 자리 잡았다. 달성군 구지면 창리, 화산리, 주리리 일원의 10만 평을 훨씬 웃도는 넓이. 미래형 자동차의 시험은 물론 인증을 위한 지능형교통시스템을 기반으로 한 세계 최고의 수준이다.

정갈하고 준엄하며 일사불란한 트랙의 정돈된 모양새를 아이들이 본다면 곧장 뛰어 들어 한바퀴 돌고 싶은 마음일게다. 바로 곁의 창녕군에 둥지를 튼 넥센타이어도 단골손님. 첨단도시 달성의 진면목이 유감없이 드러난다.

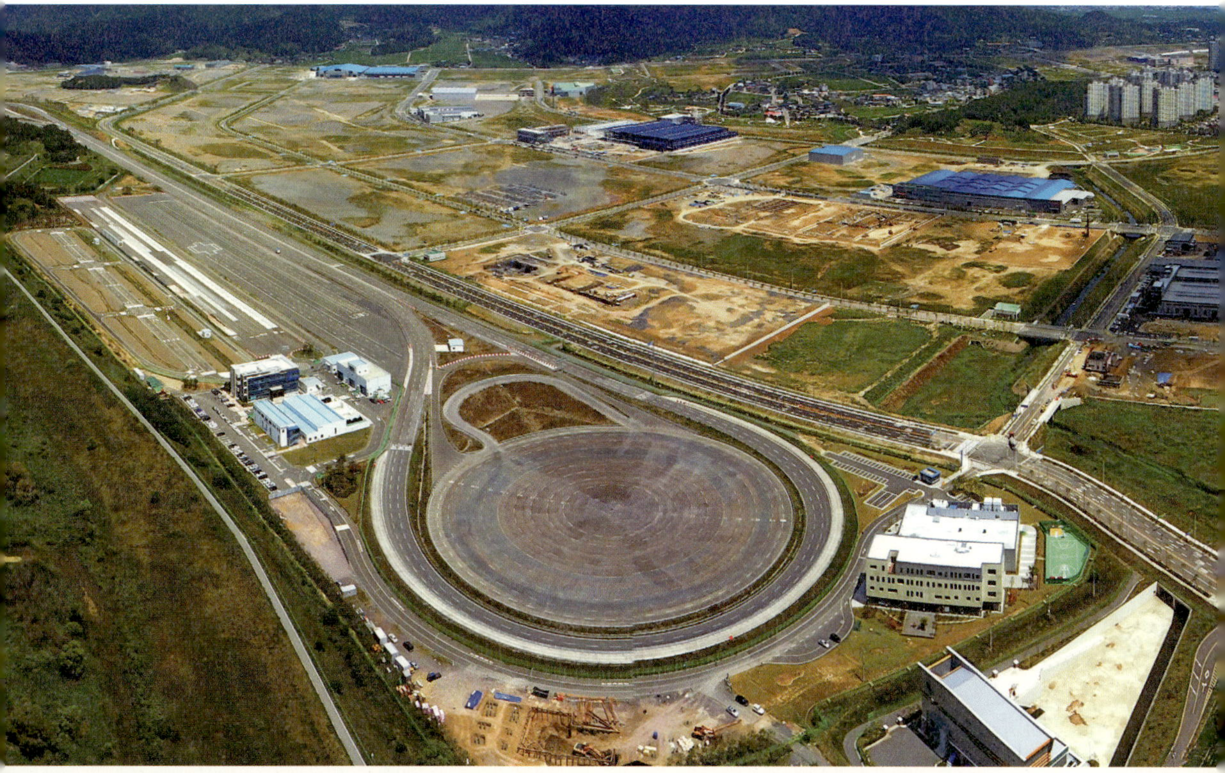

DAEGU TUNINGCAR RACING
2017 대구 튜닝카 레이싱 대회
2017. 10. 15 (SUN)

02
RDD Brake System

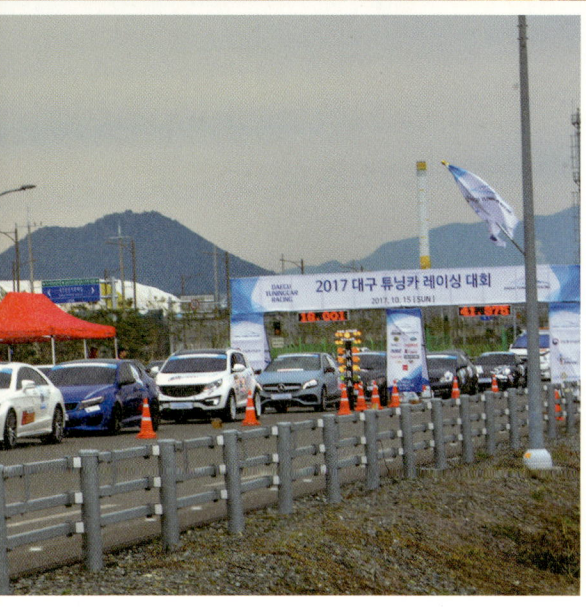

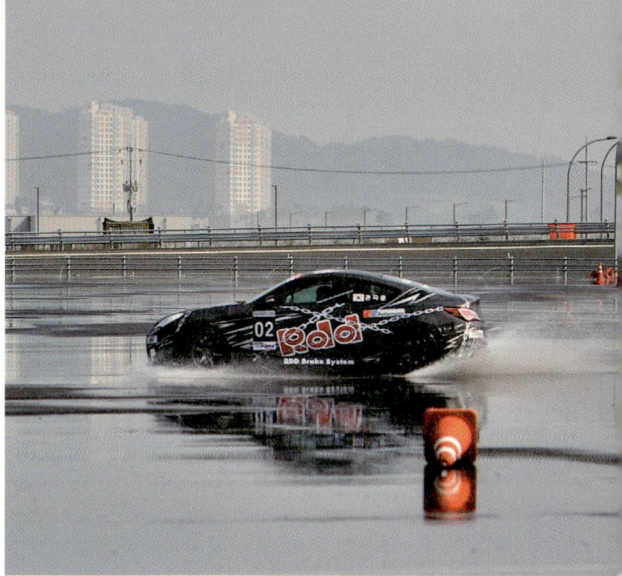

53. 트랙터와 다목적관리기

지난 1960년대 트랙터의 국산화로 우리 농업에 혁명이 일어났다. 대동공업과 아세아텍이 그 주역들이다. 이 두 기업은 대단한 기업들이다. 농기계를 통해 우리나라 농업의 혁신을 이끌었으며 국위를 선양했으니 말이다. 지금은 중국이라는 벽 아닌 벽 탓에 그 쪽으로 방향을 많이 돌리긴 했지만 이 두 기업은 여전히 달성의 자랑거리로 오늘도 쉼 없이 한국농업을 위해 매진하고 있다.

달성군 논공읍 달성산업단지에 있는 대동공업. 여전히 농기계의 국산화에 여념이 없는 기업이다. 농기계 산업의 리더. 트랙터를 비롯 콤바인, 이앙기, 경운기 등 4대 핵심 농기계 생산 및 점유율은 여전히 1위다. 1970년대 새마을 사업과 딱 맞아 떨어져 우리 농업근대화를 이끌었다. 최근에는 세계 농기계 시장을 겨냥, 신시장 개척을 위해 불철주야 노력을 기울이고 있다. 이미 전체 매출의 50% 이상을 수출에서 얻어진다는 것.

아세아텍(전신은 아세아농업기계). 여기서 생산되는 다목적관리기는 그 명성이 자자하다. 세계적이다. 그 탓에 이 회사는 농기계로 선진농업의 선구자 역학을 톡톡히 해왔다. 21세기 과학영농을 주도하는 세계의 기업으로 도약하기 위한 열정이 남다른 기업이다. 다목적관리기 외에도 스피드스프레이어, 축산작업기는 단연 최고다.

사진 : 아세아텍

사진 : 대동공업

53. 트랙터와 다목적관리기 149

54. 녹동서원

　달성군 가창면 우록리에 있다. 임진왜란 당시 조선의 문물을 일찍이 흠모, 부하들과 함께 귀화해 많은 공을 세운 모하당 김충선(1571-1642) 장군을 모신 곳. 그 공을 선조는 '김충선'이라는 사성을 내렸다. 전쟁에 참여했다가 귀화한 특이한 이력이다. 그의 일본 이름은 사야가沙也可. 당시 20대 초반이었다. 화포와 조총의 제조 및 사용법을 전수하고 이괄의 난과 병자호란 등에서 혁혁한 공을 세우는 등 그 업적이 눈부시다.

　일본에서는 한 때 매국노라며 팽개쳤지만 지난 1992년 NHK에서 그의 일대기가 다큐멘터리로 제작, 방영되면서 평화론자로 부활. 요즘에는 일본 관광객들의 발걸음이 잦다. 한일우호관도 세워 한일 양국간의 화합공간으로 활용되고 있다. 그를 둘러싼 재미있는 일화. 전쟁의 와중에 잡히면 죽는다는 왜병들의 으름장에도 불구하고 부모님을 업고 도망가는 민초들의 지극한 효심에 충격을 받아 조선은 의관문물과 예의지풍이 뛰어난 나라라고 결론내리고 부하들과 함께 귀화를 결심했다는 것.

　김충선 장군이 처음 이곳에 터를 잡을 때는 우륵동牛勒洞이었으나 '사슴과 벗하는 마을'이라는 뜻으로 우록동友鹿洞이라 고친 후 지금까지 400여 년 동안 집성촌을 이루고 있다. 최근 사슴 조형물이 조성돼 관광객들의 시선을 끈다.

54. 녹동서원

55. 도동서원

　낙동강이 휘어지는 아름다운 구지 물 도리 초입에 도동서원이 있다. 대구시 달성군 구지면 도동리. 서원을 가려면 지척의 표고 80여m 다람재를 넘어야 한다. 수더분한 다람재 육각정에서 낙동강 시원한 물줄기에 취해보고 재를 넘는 멋. 괜찮다. 그리고는 꼬부랑 내리막길이다.

　서원 앞 마당의 수령 400년 은행나무가 우선 반긴다. 한훤당 김굉필. 퇴계는 '근세도학지종近世道學之宗'이라며 그를 우러렀다. 도산·옥산·병산·소수서원과 더불어 조선 5대 서원 중 하나다. 조선시대. 오랜 논의 끝에 광해군 2년(1610) 비로소 문묘에서 제향할 유학자로 동국 5현을 결정했는데 한훤당은 그 중에서 수현首賢이었다. 그 차례는 한훤당 김굉필, 일두 정여창, 정암 조광조, 회재 이언적, 퇴계 이황, 거유의 순열이다.

　이만하면 도동서원이 갖는 위상은 두말할 나위가 없다. 사화로 유배되면서 귀양살이 끝에 허망하게 사사 당했을 때가 향년 51세. 중종 2년(1507) 도승지로 증직 받으면서 신원이 됐다. 이어 동국 5현의 수현이 되면서 사후의 광영을 보게 된 셈이다. 원래는 선조 2년(1568) 퇴계와 한강이 비슬산 기슭에 쌍계서원을 세워 선생을 모셨으나 임란 때 불타고 선조 34년(1604)에 현재의 자리에 사당을 지어 위패를 모셨으며 이듬해 서원이 완성되면서 임금으로부터 '도동서원'이라는 사액이 내려졌다.

　최근에는 400여 년 만에 당시의 사액을 기리는 뜻에서 우리나라에서는 처음으로 달성문화재단을 추축으로 도동서원사액재현 행사가 열려 전국 유림의 뜨거운 관심을 끌었다. 또한 도동서원을 비롯 우리나라 9개 서원의 유네스코 등재를 앞두고 서원도 말끔히 정비되고 있어 퍽 다행이다.

　도동서원의 대문격인 환주문. 좀 가파르다 싶은 계단을 오르면 한 사람이 겨우 지나갈 문이다. '내 마음의 주인을 부른다'는 의미지만 고개를 숙이지 않고는 들고 나지를 못하는 겸양의 문. 도학의 시작이 어디서부터인가를 말해주는 듯하다. 그러나 지금은 거추장스러

운 수월루를 지나야 한다. 창건 때 없었던 누각이다. 이 누각으로 인해 도동서원이 그 찬란한 빛을 모두 내지를 못하는 느낌이다. 유네스코에 등재되기 전 수월루의 존재 여부를 한 번 공론화 해야 할 때가 아닌가 싶다.

    도동서원을 좀 더 알리기 위해 문화재청과 달성문화재단은 해마다 학생들과 주민들을 위해 선비체험을 비롯 소학읽기 등 다채로운 교육프로그램을 진행하고 있다.

56. 인흥서원 명심보감판본

달성군 화원읍 본리리에 소재. 추계추씨의 중시조이며 고려 충렬왕 때의 문신인 노당 추적 선생을 봉안하고 있다. 서원의 장판각에는 노당이 편저했다는 대구시 유형문화재 37호인 '명심보감판본' 31매가 있다. 판본으로는 유일하다. 명심보감은 공자 등 제자백가의 경서와 저술, 시부 가운데 쉽고 생활에 기준이 되는 내용만을 골라 엮은 것으로 천자문과

함께 교육의 기본도서. 따라서 귀중한 한국학 연구 자료다.

　몇 해 전 이름난 홍보기획사 '밝은 사람들'에서는 명심보감의 새겨들을 만한 구절들을 직원들이 스스로 뽑고 가려 찍은 사진들과 함께 인흥서원 마당에서 전시회를 가져 호평을 들었다. 좀체 보기 드문 전시회였다. 비록 작은 아담한 앞마당 공간이지만 많은 사람들은 이런 전시회가 자주 열렸으면 좋겠다는 것. 전시회와 함께 열린 명심보감 탁본 체험도 다들, 특히 아이들에게는 매우 생경한 체험이어서 너무 재미있어 했다.

사진 : 달성군청

57. 예연서원

달성군 유가면 가태리에 있다. 임진왜란 때 붉은 옷을 입고 나라를 위해 싸웠다 해서 홍의장군으로 잘 알려진 망우당 곽재우와 정유재란 때 나라를 위해 사우다 전사한 존재 곽준의 위해를 봉안하고 있다. 숙종 3년(1677) 사액서원이 됐다. 한국전쟁 때 완전히 소실됐으나 1984년 현재의 모습을 갖췄다.

지금도 나라의 어려운 일이 있을 때 마다 두 좌의 신도비에서 땀을 흘린다 하여 '땀나는 비석'으로 유명하다. 입구의 400년과 300년 된 느티나무는 곽재우나무와 곽준나무로 불린다. 본관은 현풍. 왜란 때 의병을 일으키며 독려하기 위해 이불을 찢어 깃발을 만드는 등 많은 일화들이 전해 온다. 명리를 초월한 소탈한 면목들이 오늘의 귀감이 되고 있다.

57. 예연서원

58. 이강서원

공자의 제자였던 자장은 선비의 4가지 조건으로 나라가 위태하면 목숨을 내걸고 나라를 지킬 것이며, 이득을 볼 때는 의를 생각하고, 제사에는 공경스러움이 있어야 하며, 초상에는 슬픔을 생각하면 비로소 선비로서 올바르다 할 것이라고 했다. 선비라는 입지의 어려움이 고스란히 담겨있다.

달성군 다사읍 이천리에 있는 서원. 임진왜란 때 의병대장을 지낸 낙재 서사원 선생(1550-1615)을 모셨다. 향토 유림이 세운 서원. 금호강이 지척이라 이런 이름을 지었을까. 일설에는 이 터에서 신라의 고명한 학자였던 고운 최치원 선생이 학문을 가르치던 절터라 알려져 있다. 절 이름은 선사사. 선사암이라고도 하지만 이강서원 바로 곁에 밭이 있는데 그 밭이 바로 선사사 절이었다고 하는 학자들도 있다. 가톨릭대 구본욱 교수는 최치원이 유불선에 능통하고 선사사에서 해인사로 갔다는 자취를 더듬어 이 일대가 우리나라에서는 보기 드문 유불선의 합일지점이 아닐까 해서 매우 귀중한 지역으로 꼽기도 했다.

58. 이강서원

59. 낙빈서원

달성군 하빈면 묘리에 있다. 사육신의 절개가 흐른다. 단종복위 운동을 하다 참형과 3족을 멸하는 형벌을 받았다. 숙종5년(1679) 정구와 장현광이 유림들과의 공의로 박팽년, 성삼문, 유성원, 하위지, 이개, 유응부 등 사육신의 절의를 추모하기 위해 사우를 창건하여 위패를 모셨다. 1694년에 '낙빈'이라고 사액되어 사액서원으로 승격되었다. 선현배향과 지

방교육의 일익을 담당했으나 대원군의 서원철폐령에 훼철되었다 1982년 지방 유림들에 의해 다시 복원되었다. 주세붕은 "사묘가 없으면 서원이 될 수가 없다"고 서원 자격의 요건을 못 박았지만 사육신의 전후사정을 생각하면 이렇게 견뎌온 것도 용한 일이다. 말없이 유유히 흐르는 낙동강은 이런 사정을 잘 알고 있으리라.

60. 현풍향교

달성의 정신을 면면히 이어 온 현풍향교는 조선시대 전기에 창건됐으나 임진왜란으로 소실되고 영조 6년(1730)에 현 위치로 이건하면서 몇 차례 중수를 거치며 오늘에 이르고 있다. 달성군 현풍면 상리 소재. 내삼문을 중심으로 전면에 강학 공간인 명륜당, 후면에 문묘 공간인 대구문화재자료 27호인 대성전과 동무, 서무, 동재, 서재로 구성돼 있다.

해마다 열리는 기로연에는 유림 200여 명이 참석하는 등 성황을 이룬다. 기로연은 조선시대 봄·가을로 기로소에 등록된 고위관직에서 물러 난 퇴직관리들을 위로하고 예우하기 위해 나라에서 베푼 잔치다. 임금도 나이 들면 여기에 입소하기도 해 여민동락의 의미를 담고 있다.

30여 개의 기문이 현풍향교의 위상을 잘 말해주고 있다. 명륜당 현판도 두 개가 있다. 건물 외부 것이 명필 한석봉의 친필이며 내부는 거유 퇴계 이황선생의 친필이다. 날카롭고 가지런하고 굳세고 둥근 것은 붓의 네 가지 큰 덕이라고 추사 김정희는 논했다. 이 기회에 명필과 거유의 붓 끝에서 살아나는 유가의 덕을 살펴보는 것도 좋지 않을까.

60. 현풍향교

61. 하목정

아름다운 이름이다. 달성군 하빈면 하산리에 있다. 대구시 유형문화재 36호. 바로 지척에 낙동강이다. 임진왜란 때 의병장이었던 낙포 이종문이 선조 3년(1604)에 사랑채로 사용할 목적으로 지은 정자. 당나라 시인 왕발의 시에 '낙하여고목제비落霞與孤鶩齊飛', 즉 '지는 노을에 외로운 따오기 가지런히 날고'라는 구절에서 따온 이름이다.

낙동강변에도 노을이 지면 창공을 날아가는 철새들이 장관을 이룬다. 너무나 닮은 묘사다. 인종이 즉위하기 전인 능양군 시절에 이곳을 지나다 주위 풍광이 너무 아름다워 하루 유숙했다. 왕위에 오른 후 '하목당'이라는 당호를 하사했다. 정갈한 대청과 마루에 앉기만 해도 넋이 빠진다. 그러다 낙동강이 시야에 들어오면 그저 감탄 뿐. 더 감탄할 몫이라면 수백 년 된 둥치가 굵직한 배롱나무 수십 그루가 뒤뜰에서 꽃을 피우면 그만한 장관이 없다. 찾아가는 길목이 좀 어렵다. 소중한 문화재에 다가가기 위해 주변 정리가 되었으면 하는 바람이다. 그래도 용케 찾아오는 이들이 많다.

62. 삼가헌

대구지역에서 빼어난 고택 중 하나다. 사육신 중 한 사람인 취금헌 박팽년의 11대손인 삼가헌 박성수가 1769년 초가를 짓고 자신의 호인 '삼가헌'을 당호로 삼았다. 편액 '三可軒(삼가헌)'은 명필로 이름을 떨친 창암 이삼만의 필치다. 삼가란 '중용'에 나오는 선비가 갖추어야 할 세 가지 덕목 지知, 인仁, 용勇을 뜻하며 이를 갖추지 못하면 절대 불가하다는 깊은 의미를 담고 있다.

편액이 걸린 지금의 사랑채는 박성수의 아들 박광석이 1826년에 지은 건물이다. 사랑채 옆에는 '하엽정'이라는 별당이 있다. 그 앞의 연당에 연꽃이 활짝 피면 더욱 삼가헌 선비의 기개가 집안 가득함을 느낀다.

62. 삼가헌

63. 육신사

달성군 하빈면 묘골에 육신사가 있다. 세조 때 단종의 복위를 꾀하다 목숨을 잃은 사육신을 모신 사당이다. 사육신. 박팽년, 성삼문, 이개, 하위지, 유성원, 유응부. 처음에는 박팽년만 모신 곳이었으나 선생의 현손인 박계창이 선생의 제삿날 사당문 밖에서 서성이는 사육신의 꿈을 꾸고는 모든 사육신의 위패를 모시고 해마다 제사를 지내게 됐다는 것. 참고로 사육신 묘는 서울 동작구 노량진에 있다.

육신사 뜰에 들어서면 충성심과 장렬한 의기가 충만함을 느낀다. 박팽년 후손들의 기막힌 이야기가 응어리져 있기 때문이다. 박팽년이 처형 당하자 임신한 며느리 이씨는 대구로 옮겨와 관비가 됐다. 하늘이 도운다. 때마침 몸종도 아기를 낳는다. 이씨는 사내아이를, 몸종은 딸이다. 사내아이는 죽임을 당하기에 몸종의 제안으로 아기를 바꿔치기 한다. 박팽년의 손자다. 박비라는 이름. 훗날 성종 때 신원이 돼 '충신의 자식'으로 칭송 받는다. 그 후손들이 순천 박씨 집성촌을 이루며 오늘에 이른다. 가지런히 정비된 담장 너머 웅대한 기골이 넘친다.

박팽년이 남긴 시조 한 수. "까마귀 눈 비 맞아 희는 듯 검노매라/ 야광명월이 밤인들 어두우랴/임 향한 일편단심이야 변할 줄이 있으랴". 입술이 절로 깨물어 진다. 올해에는 이를 소재로 뮤지컬 '육신사의 비밀'이 공연돼 박수를 많이 받았다. 달성군에서는 '귀신 통 납시오'에 이어 두번째 열린 창작 뮤지컬인 셈이다. 토종 뮤지컬.

64. 현풍곽씨 12정려각

참 귀한 문화재다. 자랑할 가치가 듬뿍 있는 문화재다. 현풍곽씨 솔례마을 한 마을에 이렇듯 많은 정려가 내려지기는 우리나라에서는 유일하지 않을까 싶다. 정려旌閭란 조선 시대 때 충신이나 효자, 열녀들을 표창하는 제도다. 표창을 받으면 마을 입구에 정려각을 세워 그 분의 뜻을 기린다.

대구시 달성군 현풍면 지리에 있다. 선조 31년(1589)부터 영조(1776) 때까지 삼강을 잘 지킨 솔례마을 현풍 곽씨 일문에 포상된 12정려를 한 곳에 모신 것. 열두 칸 다포식 팔작집이

다. 삼강三綱을 이해하는 젊은이들이 요즘 얼마나 될까. 삼강은 유교 도덕의 근본이다. 임금과 신하, 아버지와 자식, 남편과 아내 사이에 마땅히 지켜야 할 도리를 잘 지키면 나라에서 내리는 포상이다. 원래의 자리에서 약 30m 뒤로 물려 몇 년 전 이전했다. 대구시의 소중한 문화재로 문화재 자료 29호다.

카뮈는 "삶에의 절망 없이 삶에의 사랑은 있을 수 없다"고 했듯이 12정려의 다양한 내용을 알고 보면 그 모두 삶의 사랑에 다름 아님을 알 수 있다. 이를 귀감으로 삼으면 누구나 삼강을 근본으로 한 삶에의 사랑으로 귀결되지 않으리.

65. 서흥김씨 종가

대구시 달성군 현풍면 지리. '寒暄古宅(한훤고택)'이라는 빗돌과 함께 열리는 못골마을 한훤당 김굉필 종가는 기품 있는 매력들이 곳곳에 산재해 초입부터 잔잔한 감흥을 불러일으킨다. 해마다 다섯 말이나 딸 수 있는 300년 된 은행나무며 후원과 안채 앞뜰의 모란, 작약, 국화, 매화 등 군자의 품격에 어울리는 꽃과 나무들이 그 시대를 풍미했던 자취를 말없이 엮어주고 있다.

한훤당 김굉필. 동국 5현의 수현. 일상생활에서 실천해야 할 윤리를 적은 교과서 '소학'만 10년을 넘게 읽었다. 그래서 소학동자. 부모를 사랑하고, 어른을 공경하고, 임금에 충성하고, 스승을 높이고, 벗과 친해지는 일이 어디 수월한가. 이것을 실천하지 않으면 소학을 평생 읽은들 삶을 호도할 뿐. 그래서 출세를 위해 학문을 하는 무리들에게 한훤당은 본때를 보여주기나 하듯 의리지학이요 위기지학으로서의 학문으로 이끌었다. 어떻게 보면 지루하고 너무 평범해 보이는 소학에서 위대한 근본철학을 터득하는 일이 결코 쉬우랴. 몸으로 실천하지 않으면 불가능한 일이다. 이게 한훤고택에서 불어오는 훈훈한 바람이다.

장자도 "바람이란 모든 것에 영향을 주는 세상일"이라고 했다. 세상일이 덕을 빼고는 존재하지 않는다. 덕풍이다. 종손이 거처한다. 입구 오른편에 작고 아담한 커피숍도 열었다. 좀 좁기는 해도 고택음악회도 열렸다. 다들 좋아했다. 더러는 유서 깊은 고택에서 음악회를 보다니 횡재했다며 자랑이다.

65. 서흥김씨 종가

66. 현풍곽씨 종가

달성군 현풍면 대리. 포산곽씨로도 칭해졌던 현풍곽씨가 세거하는 집성촌 솔례마을이 있다. 100여 호에 이른다. 부르기에도 운치 있는 이름이다. 포산은 비슬산의 다른 이름이다. 예절 바른 사람들이 모여 살 수 밖에 없는 이름이다. 청백리 곽안방을 중시조로 모신 종가. 곳곳에 편액들이 보인다. 마을의 뒤편 높은 곳에 지어진 재실 추보당. '청백가성淸白家聲', '충효세업忠孝世業' 편액에서 마을의 가운데를 읽을 것 같다. 현풍곽씨의 가훈이다.

언어는 힘이며 권력이라 했던 분석철학자 비트겐슈타인도 막강한 집안 출신답게 "전통을 갖지 못한 자가 전통을 몸에 지녀보려고 하는 것은 이루지 못할 사랑을 하고 있는 것과 같다"며 전통에다 온통 무게를 싣고 있다. 하물며 대대로 이어지는 훌륭한 정신과 전통, 그에 걸맞은 문향이 마을에 넘치는데 어찌 맑고 곧은 청백리와 열부가 이어지지 않을까. 삼상을 지키다 삶을 마감한 분들을 기리는 12정려각이 지척이다.

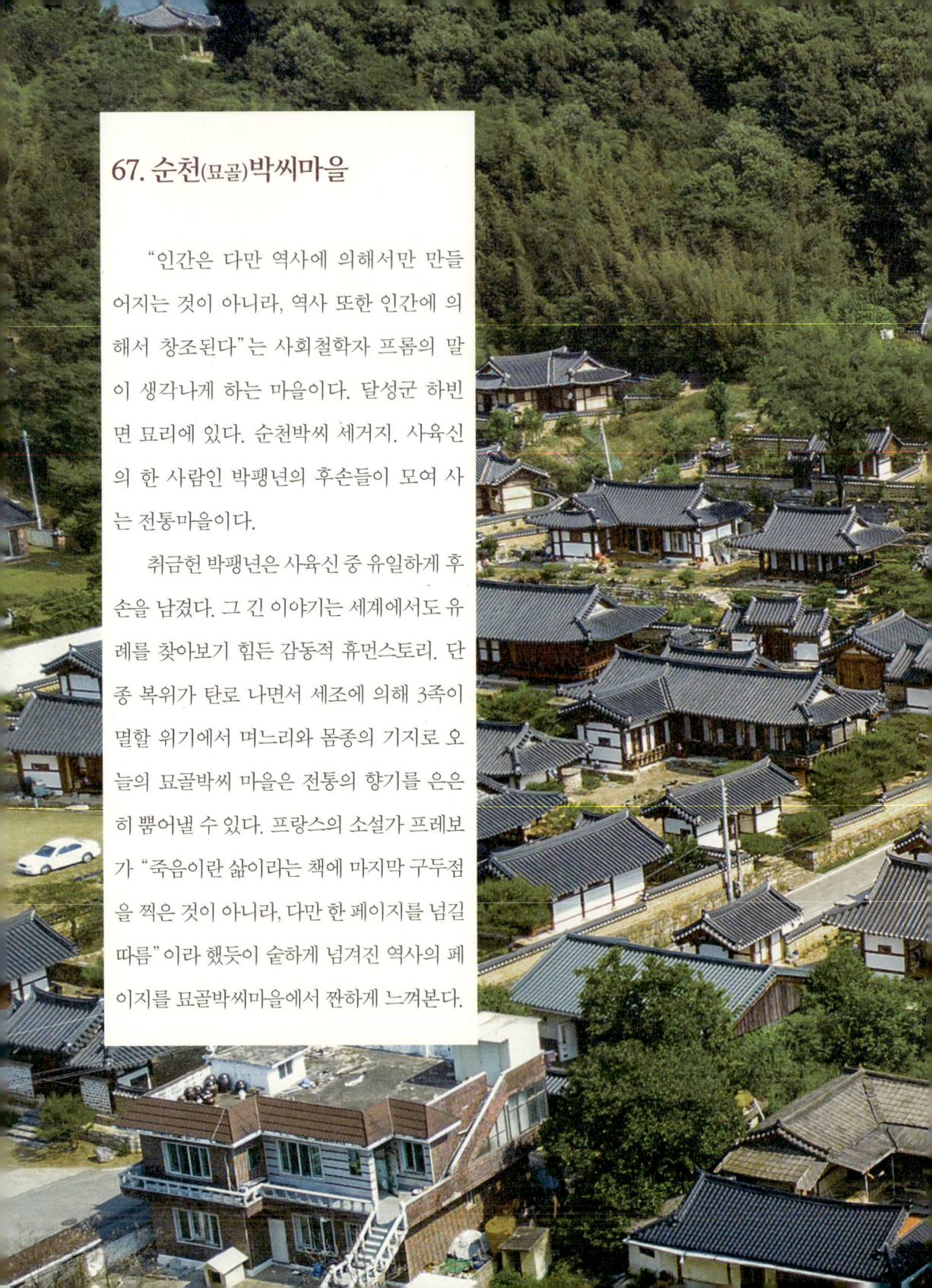

67. 순천(묘골)박씨마을

 "인간은 다만 역사에 의해서만 만들어지는 것이 아니라, 역사 또한 인간에 의해서 창조된다"는 사회철학자 프롬의 말이 생각나게 하는 마을이다. 달성군 하빈면 묘리에 있다. 순천박씨 세거지. 사육신의 한 사람인 박팽년의 후손들이 모여 사는 전통마을이다.

 취금헌 박팽년은 사육신 중 유일하게 후손을 남겼다. 그 긴 이야기는 세계에서도 유례를 찾아보기 힘든 감동적 휴먼스토리. 단종 복위가 탄로 나면서 세조에 의해 3족이 멸할 위기에서 며느리와 몸종의 기지로 오늘의 묘골박씨 마을은 전통의 향기를 은은히 뿜어낼 수 있다. 프랑스의 소설가 프레보가 "죽음이란 삶이라는 책에 마지막 구두점을 찍은 것이 아니라, 다만 한 페이지를 넘길 따름"이라 했듯이 숱하게 넘겨진 역사의 페이지를 묘골박씨마을에서 짠하게 느껴본다.

68. 남평문씨 본리세거지

　비슬산 자락의 천수봉 기슭 양지바른 서남향으로 자리 잡은 남평문씨 세거지. 달성군 화원읍 본리리 인흥마을이다. 70여 채의 전통 기와집이 바르고 정연하게 우물 정#자 혹은 'ㅁ'자 모양으로 어우러진 우리나라에서도 유일한 대규모 일가 중심의 집성촌이다. 자연히 안길과 흙돌담장이 오랜 역사를 지나면서 다듬어져 아름답다. 주위의 소나무나 회화나무 등 노거수들과 매화나무, 석류나무, 감나무 등 친근한 수목들이 목조건물이 주는 태연하고 당당한 모습과 어우러져 장대한 수목화를 연상케 한다.
　처음 이 마을을 만날 때 누구나 흙돌담장 안팎으로 흐르는 따뜻하고도 당차게 응축된

유가의 학맥과 도덕을 바탕으로 인을 행하고 의를 지키며 순리에 합당함이 이런 것임을 쉽게 느낄 수 있다. 그러다 안으로 들면 광거당, 수봉정사, 인수문고를 대하면 인본주의의 그 막중한 사명에 숙연해진다. 만권당. 책이 엄청나다. 옛 책과 요즘 책이 한데 모여 풍속의 염치를 논하듯 근래 들어 이곳에서 고전을 연구하거나 소규모 세미나 등이 자주 열리기도 한다.

능소화가 피는 철이면 튼튼해 보이는 담장과 함께 그 현란의 미를 담기위해 사진작가나 애호가들이 가장 선호하는 곳이기도 하다. 최근 마을 입구에 널따란 연못도 조성했다. 원래 여기는 일연스님이 삼국유사의 뼈대를 구상했던 인흥사 절터로도 알려졌다. 그러함에 곳곳에 석탑 잔해가 남아 있다. 명찰이 있었던 자리는 모두 명당이라는 말이 실감난다.

68. 남평문씨 본리세거지

69. 조길방가옥

오래된 미래라고나 할까. 달성군 가창면 정대리에 있는 이 집은 조길방의 9대조인 조광국이 1700년대 후반에 안채를 지으면서 시작돼 후대에 사랑채와 헛간채 등을 지었다. 중요민속자료 200호. 흔치 않은 조선시대의 초가다.

구수하면서도 질박한 맛이 넘친다. 전형적인 초가의 창호도 그대로 보존돼 그 멋이 일품이다. 사리기둥이며 칠기봇장이라는 칠기나무로 된 보도 그 굵기에 혀를 내두를 정도. 경사 심한 이런 골짝에 옛 집이 남아 있다는 게 다행을 넘어 자랑스럽다.

69. 조길방가옥

70. 현풍사직단 사직제

토지를 주관하는 사신과 오곡을 주관하는 직신에게 고을의 백성들이 편안하게 살 수 있도록 풍요를 기원하는 제사를 올리는 제단을 사직단이라 한다. 나라에 환란이 닥쳤을 때 국태민안을 기원했으며 가뭄이 들 때는 기우제를 지내기도 했다.

현풍사직단은 세조 14년(1469) 지금의 달성군 현풍면 성하리에 세웠으나 순종 2년(1908) 일제의 강압에 의해 폐허되고 그 자리에 신사가 들어서기도 한 아픈 역사를 지니기도 했다.

사진 : 달성군청

신사는 1945년 지역 애국지사들에 의해 불태워졌다. 현재의 사직단은 원래의 자리에 충혼탑이 세워지는 바람에 복원되지 못하고 1996년 상리체육공원 내에 복원, 2010년 지역 유림과 향토사학자들이 주축이 돼 '국조오례의' 등 옛 문헌의 고증과 관련 자료를 검토해 복원했다. 갈수록 옛 것에 대해 시들해지는 심성들을 고쳐 잡기 위해 사직제가 열리면 학생 뿐 아니라 지역민들의 참여가 확대되었으면 하는 바람이 강하다. 그래야 비라도 때 맞춰 내릴 것을.

사진 : 달성군청

71. 비슬산 참꽃문화제

진달래를 참꽃이라고 한다. 먹을 수 있는 꽃이라는 뜻이다. 해마다 4월말에서 5월초 사이 비슬산 일원에서는 황홀한 참꽃군락지의 참꽃을 맞이하기 위해 성대한 축제가 열린다. 비슬산 참꽃문화제다. 매년 50만명 안팎의 등산객과 관광객들이 전국에서 몰려든다.

산신제를 시작으로 참꽃비빔밥 만들기, 퍼레이드, 노래자랑 등 축제는 일주일가량 지속된다. 그 중에는 달성군의 읍면민들이 참여하는 프로그램도 있어 환한 참꽃을 계기로 한 해의 읍면민들간 환한 웃음과 친목을 다지기도 한다. 최근에는 대견사도 중창됐고, 가는 길도 잘 닦였으며 전기차도 운행돼 갈수록 인파들이 늘어나 이런 추세라면 곧 100만 인파도 돌파할 것 같다. 참꽃축제도 전국적인 축제로 자리매김해 가고 있다.

축제는 함석헌의 말대로 "묵은 시름, 묵은 찌꺼기, 묵은 빚, 묵은 때를 확 떨어버리고 남녀노소, 빈부귀천, 재둔 선악의 모든 구별, 모든 차별 다 없애고 맨 사람으로 돌아가 펼대로 펴고, 놀대로 놀고, 즐길대로 즐기자는 것"이라고 했다. 비슬산 참꽃문화제가 그렇다.

72. 달성 100대 피아노

72. 달성 100대 피아노

　우리나라에서 처음으로 피아노가 유입된 곳이 달성군 화원읍의 낙동강 사문진나루라는 사실이 밝혀졌다. 그 때가 1900년. 당시 미국 북장로교 선교사 사이드 보텀(한국명 사보담)이 모국으로부터 들여온 것. 샌프란시스코 항을 떠나 히로시마에서 잠시 머문 뒤 부산항. 거기서 다시 나룻배로 사문진나루를 거쳐 대구 종로로 날랐다. 피아노에 들인 거대한 일정이다. 모두들 피아노를 알 리 없었다. 통 속에서 귀신 소리가 난다하여 '귀신통'으로 불렀다. 마을 짐꾼 20여 명이 사문진나루에서 사흘이나 걸려 대구 종로로 옮겼다.
　한국 최초의 피아노인 그때의 피아노는 지금 찾을 길이 묘연하다. 달성군과 달성문화재단은 이 같은 한국 최초 피아노 유입을 모티브로 해 지난 2012년부터 해마다 10월 첫 주

말 이틀간 피아노콘서트를 낙동강변 옛 사문진나루에서 열고 있다. 첫 해에는 피아노 99대의 공연이 열렸다. 이듬해에는 100대. 마침 달성군이 개청 100년을 맞은 해였기 때문이다. 풍류 피아니스트 임동창이 연출과 출연까지 함께 맡았다. 한국음악계는 깜짝 놀랐다. 대단한 반향들이었다. 어떻게 100대의 피아노를. 축제는 대성공이었다. 그 이듬해에는 같은 장소에서 윤복희가 주연한 국내뮤지컬의 새 장르인 최초의 다큐뮤지컬 '귀신통 납시오'를 무대에 올려 100대 피아노콘서트와 함께 대단한 갈채를 받기도 했다.

화원동산과 사문진나루 일대에는 앞으로 피아노메카로 다듬어 피아노콩쿠르, 피아노박물관 등 피아노를 주제로 한 다양한 문화 활동들이 펼쳐질 예정이다.

72. 달성 100대 피아노

73. 강정 대구현대미술제

'강정 대구현대미술제'가 연륜은 짧은 듯하지만, 알고 나면 그 역사는 길고 오래다. 그래서 미술가나 미술애호가들이 '강정 대구현대미술제'에 거는 기대가 큰가보다.

낙동강변 강정은 지난 1970년대 한국 현대미술을 선도하며 한국 현대미술 화단에 현대미술을 활활 타오르게 불을 지폈던 곳이다. 그 당시 젊은 미술인들이 강정에 모여 대구미술제를 개최하며 서울 등 국내 어느 곳에서도 볼 수 없었던 열정을 보여 주었다. 5회째까지 전국적인 규모로 발전시켰으나 더 이상 견디지 못하고 잊혀졌다. 강정은 그 당시 전국에서 가장 활기차고 중요한 실험적인 미술운동이 펼쳐진 곳으로 인정받고 있다.

이를 33년 만인 지난 2012년부터 부활시켜 '2012 강정 대구현대미술제'로 재탄생시켰다. 오늘의 한국 현대미술 화단에 새로운 획을 그은 셈이다. 입체와 설치 및 영상작품들로 꾸며졌으며 강정의 명물로 등장한 디아크 광장에서 매년 여름 한달간 열린다. 매년 기록적인 폭염에도 아랑곳 않고 30여 만 명의 관람객들이 다녀간다.

대구는 해방과 6.25 한국전쟁 후 정치, 사회, 경제적 격변을 겪으면서 한국 현대미술의

도시로 도약했지만, 지방의 한계를 극복하지 못하고 주저앉았다. 이를 일으켜 세운 달성군과 달성문화재단은 다시 '강정 대구현대미술제'를 시작하면서 한국미술계에 큰 기지개를 켠 것이다. 이미 6회를 지났다. 매년 30여 명 안팎의 국내·외 작가들이 참여하고 있다.

73. 강정 대구현대미술제

74. 달성전국소싸움대회

소싸움하면 경북 청도가 유명하지만 달성소싸움도 꽤나 이름이 나 있다. 육중한 근육하며 시큰거리는 콧김에 힘이 절로 솟구치는 소들은 경기장에 들어서면 상대를 향해 거친 숨을 몰아 쉰다. 결코, 지기 싫다는 것이다. 그 유순한 눈동자도 이럴 때만은 부라리며 우굴거린다. 일제 강점기에는 이런 소싸움이 민족의 협동 단합을 상징하기도 했다. 그러다 1970년대부터 고유 민속놀이로 자리를 잡았다. 경상도를 아우르는 이름 난 소들이 백두(751kg이상), 한강(661kg이상), 태백(600kg이상) 등 3체급으로 나눠 승자를 가린다. 이런 싸움소도 반추를 한다. 되새김질. 니체는 소에게 배울게 있다면 바로 반추라고 했다. 인생이란 싸움터에서도 누군들 어찌 반추가 없으리.

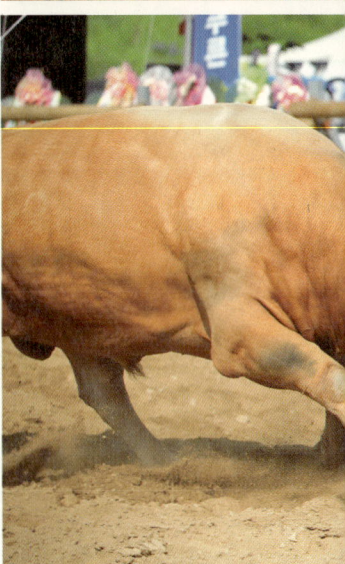

74. 달성전국소싸움대회

75. 마비정 벽화마을

60~70년대의 구수한 추억거리들이 잔뜩 그려진 벽화에다 언제 배달될지도 기약 없는 느림보 우체통까지 마련돼 전국에서 가장 뜨고 있는 관광마을 마비정 벽화마을. 대구시 달성군 화원읍 본리리.

옛날 옛날 한 옛날에 이 마을 앞산에서 한 장수가 활의 시위를 힘차게 당기면서 그가 아끼던 말에게 건너편 산 바위까지 달려 화살에게 뒤지면 살아남지 못하노라며 경주를 시켰다. 말이 이길 수가 있나. 그래서 죽임을 당했다. 마을 사람들은 그러나 불쌍하기에 앞서 화살과 경주를 할 만큼 용맹한 말의 기상이 가당찮다며 그 말을 기려 정자를 세워 추모했다. 이 정자가 '마비정'. 이런 전설 같은 일화를 간직한 이 마을 담벼락 곳곳에 지난 2012년 벽화를 그리면서 그 그림들이 전설과 오묘한 관계를 이루며 사람들의 발길을 끌어당겼다.

처음에는 사진작가들이 이 모습을 담아 인터넷 등에 올리며 입소문이 나더니 단박에 관광객들이 몰려들었다. 휴일이면 발 디딜 틈이 없다. 벽화들은 얼룩소, 점박이, 오누이와 잠자리, 가을 추수, 표주박, 호박넝쿨을 비롯 향수 어린 도시락과 난로 등 정겨운 그림들이 파노라마처럼 그려져 우리네 정을 담고 있다. 그 밖에 수령 60년도 넘는 국내 최대의 옻나무 군락과 사랑나무로 알려진 수령 100년의 돌배나무는 연리지, 연리목으로 자라 인기다. 장수 거북바위도 쳐다만 봐도 오래 살 것 같다.

30여 가구 남짓 옛 정취를 머금고 살고 있다. 마을의 아담한 골목길은 약간 오르막이지만 걷기에는 그만이다. 웰빙로드. 슬로우로드. 느림의 미학이 도심의 심란한 일상을 깨워주기에 일품이다. 이곳에서 재배된 농산물과 두부도 구매할 수 있고 황토방서 다리도 쭉 펼 수 있다.

75. 마비정 벽화마을

76. 용연사

　달성군 옥포면 반송리에 있다. 유명한 옥포 벚꽃길을 지나고 웅대한 옥연지를 지나면 금방이다. 비슬산이 소복 흘러내린 듯 아늑한 위치가 길지임을 대번 알 수 있다. 그 옛날 절 아래 동네 입구에 용추가 있어 그곳에서 용이 등천했다 해서 붙여진 이름. 이 절 역시 임진왜란의 병화를 입어 모두 불탔다. 선조 36년(1603) 사명대사가 제자인 인잠, 탄옥, 경천에 명하여 다시 중창했으나 또 다시 화마를 입기도 했다.
　석가모니의 진신사리를 봉안한 석조계단, 일명 금강계단이 이름났다. 보물 제539호. 담장이 무척 고풍스럽다. 석조로 된 이중기단 위에 석종형 탑신을 중앙에 안치한 형식. 양각된 팔부신상은 섬세하고 균형감이 뛰어나다. 이 밖에 극락전 앞마당에 있는 대구시 문화재 자료 28호인 삼층석탑도 눈여겨 볼만하다.

76. 용연사

77. 유가사

　천년 고찰. 비슬산 주봉인 천왕봉 아래에 있다. 빼어난 산세와 주위의 절경이 참배객들의 탄성을 자아내게 한다. 아름다운 바위가 많기로 이름 난 비슬산의 그 바위들이 구슬과 부처의 형상과 닮았다 해서 붙인 이름. 유가사의 '유'자는 아름다운 옥 유瑜자다.

　인근에 수도암, 도성암, 청신암을 거느리고 있다. 일연스님이 30여 년을 주석, 삼국유사의 토대와 뼈대를 마련했던 비슬산은 밀교적 색채가 강하다. 아직 정확한 연구가 이뤄지지 않고는 있지만 천왕봉 아래 대견사 옆 암굴 바위에 새겨진 일명 '유가심인도'에서도 이런 밀교적 색채가 진한 것으로 알려져 있다.

　언제부턴가 돌탑들이 들어서 가람의 위세를 자꾸만 날리려 하고 있다. 있는 듯 하되 없고, 없는 듯 하되 있으며, 이익심을 짓지 아니하여 무주의 경지에 들어가는 것이 곧 불심이라는데 나중에 조성된 보기 구차한 돌탑들이 혹여 절에 쓸데없는 이익만 될까봐 적잖이 걱정이다.

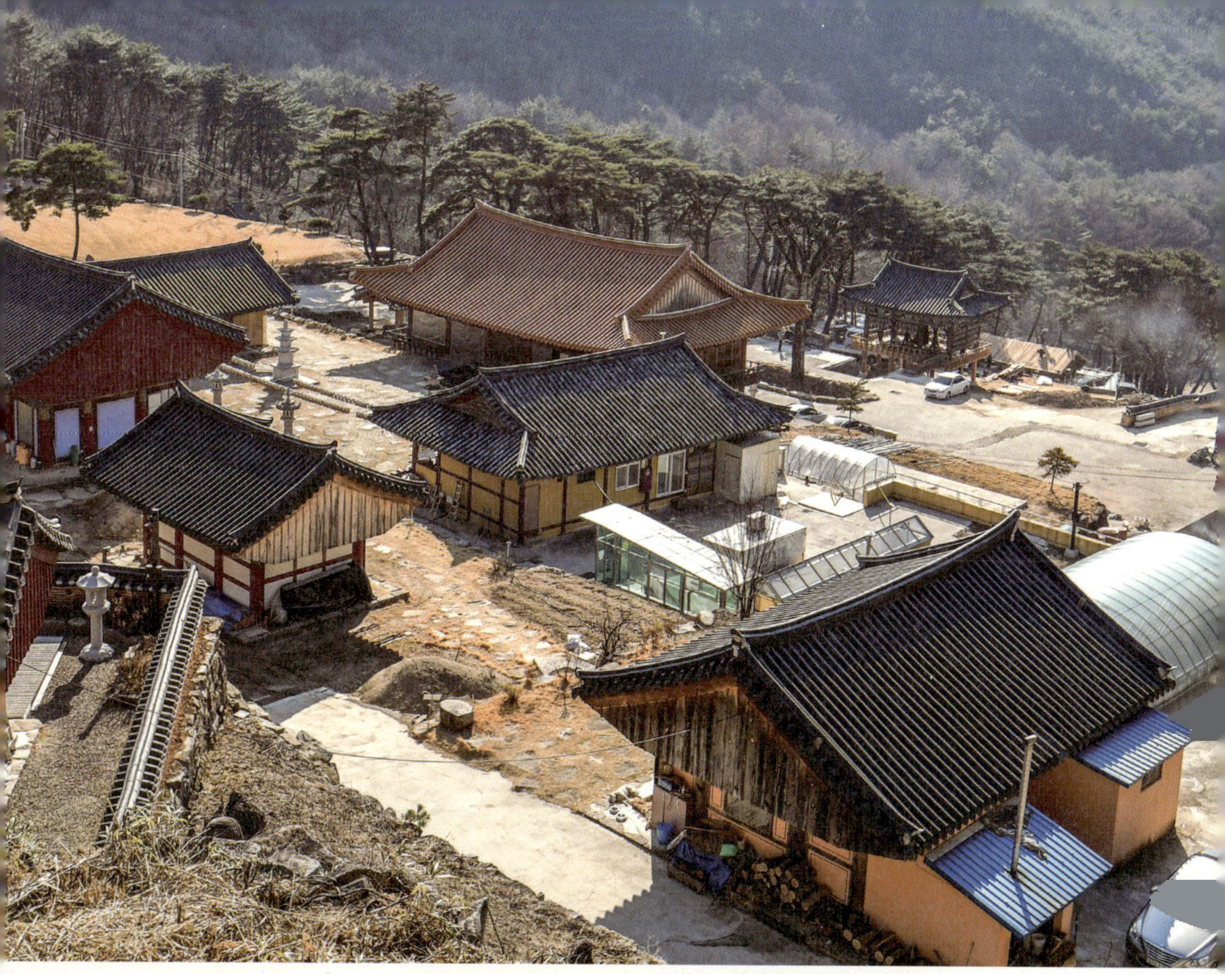

瑜伽寺

봉
부처님오신날
불기 2558년 5월 6일
大雄殿
言詮消息遍三千

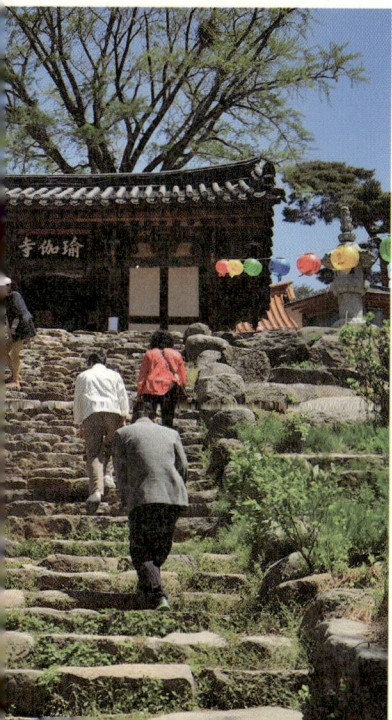

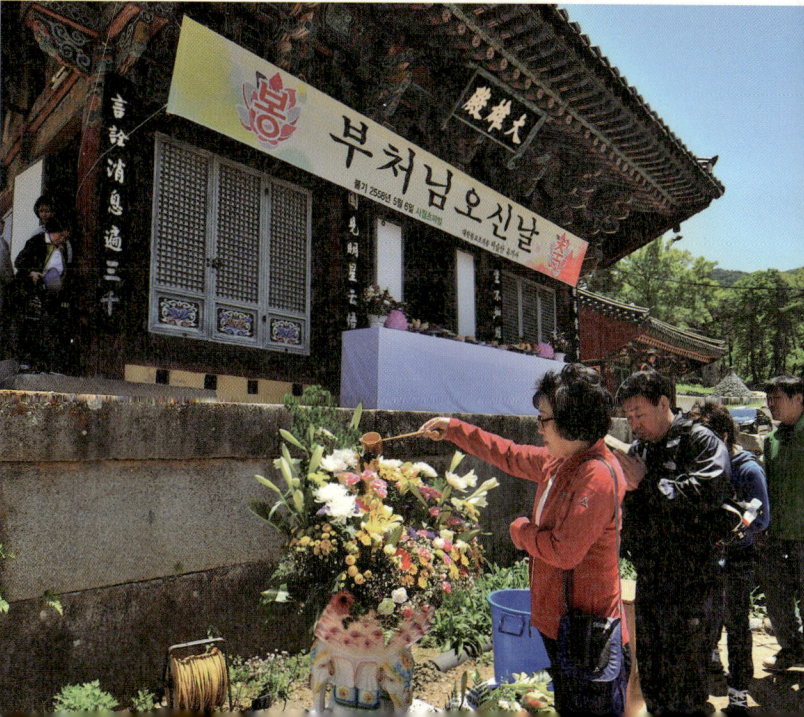

78. 소재사

유가사와 함께 비슬산의 대표적인 사찰이다. 인근이 워낙 빼어난 경관이라서 꽤 인기 있는 절이다. 비슬산자연휴양림과 계곡, 참꽃과 갈대밭에다 오토캠핑장 까지 지어져 가족 나들이 장소로 제격이다. 뭐니 해도 도심에서 멀지 않으니 말이다. 명부전에 봉인된 목조지장보살좌상은 대구시 문화재자료 44호. 단정한 이목구비에 넋이 나갈 정도. 마음의 목마름은 물을 마셨다고 해갈이 되지 않는다. 지장보살님을 만나면 그러나 마음의 목마름은 가신 듯 훤하고 정갈한 마음으로 정화됨을 느낄 수 있다.

인도의 철학자였던 오쇼 라즈니쉬는 "마음은 안쪽으로 열리고 자신에게로 열린다"고 했다. 소재사의 부처님을 만나고부터는 이 말에 무척 공감이 간다.

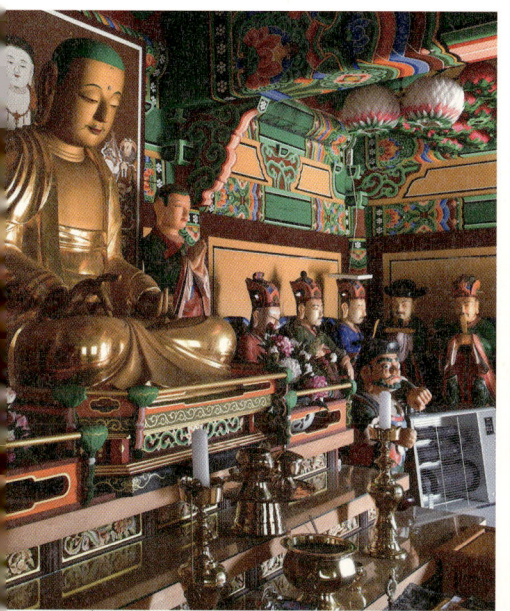

79. 남지장사·청련암

최정산 허리에 자리한 남지장사는 임진왜란 때 승병을 일으켜 나라에 혁혁한 공을 세운 사명대사의 기상이 서린 유서 깊은 절이다. 달성군 가창면 우록동. 지금은 대한불교 조계종 제9교구 본사인 동화사의 말사지만 신라 시대에는 8개의 암자를 거느리고 스님이 3천여 명이나 정진했던 절이다. 사명대사는 이곳을 승병훈련장으로 삼았다.

지척의 산내 암자인 청련암은 유형문화재 34호로 사명대사가 주석했던 곳이어서 정기가 매우 맑고 힘차다. 무슨 까닭인지 한동안 비었다가 최근 각정스님이 말끔히 경내를 치우고 용맹정진하고 있다.

79. 남지장사·청련암

79. 남지장사 · 청련암

220　　　　　　　　　　　　　　　　　　　　　　　　　　100 군데 달성의 매력

80. 왕쉰고개

우리에게 '25시'로 잘 알려진 작가 게오르규는 "달이나 바람을 교수형에 처할 수 없는 것처럼 전설을 처형 할 수는 없다. 전설은 육체가 아니고 영혼이기 때문"이라고 했다. 그러기에 전설의 생명은 바람처럼 날려갈 것 같지만 끈질기고 끈질기다. 간혹 날려가버렸다고 여겨지는 설화나 전설도 끈질기게 찾아들면 대부분 잊혀져 있을 뿐임을 알게 될 때도 많다.

달성군 다사읍 왕쉰고개도 잊혀질듯한 전설들이 최근 되살아나고 있는 것 중 하나다. 계명대 쪽에서 강창교를 지나 언덕진 큰 길에서 오른쪽 하빈 가는 방향으로 100여m를 약간 언덕진 길로 가면 작은 고갯길이 나온다. 그 고개가 왕쉰고개다.

사진 : 달성군청

왕쉰고개라 함은 신라 말기 유명한 팔공산 공산전투에서 막강했던 견훤의 군대에 대패해 도주하던 왕건이 안심, 안일사, 임휴사, 은적사 등을 거친 뒤 사문진을 지나 이 고개에 다달아 쉬었다 해서 붙여졌다는 것. 훗날 고려를 건국해 태조가 된 왕건은 이때 고개 마루에서 얼마나 절치부심했을까. 온몸에 비 오듯 흐르는 땀을 씻으며 오만 생각에 사로잡혔을 왕건. 상상만 해도 부글부글거리는 그 시대상황이 눈앞에 어른거린다. 마침 올해가 고려건국 1100주년이 되는 해라 이 고개가 더욱 예사롭지가 않다. 왕쉰고개 인근의 달성군립도서관에서는 지난해 '왕건학술대회'를 열고 왕쉰고개에 대한 각종 자료들을 모으고 있다니 다행스런 일이다. 기죽고 힘없는 사람들, 특히 청소년들을 위해 고개 마루에서 수건 불끈 동여매고 훗날을 도모하자며 이를 악무는 왕건동상이나 세워졌으면 한다.

81. 고인돌

고대 국가의 초석이 되었다는 선사시대의 돌무덤 고인돌. 대구에서는 달성군 가창면 냉천리 지석묘군이 유명하다. 2006년 대구시 기념물 14호로 지정. 오랫동안 방치돼 온 것을 달성군이 인근 부지를 매입하면서 정비돼 고인돌 공원으로 탈바꿈했다. 주위의 잔디밭과 잘 어울린다. 외계에서 온 우주선 같은 느낌이어서 아이들도 좋아 한다. 대구에는 달성군 화원읍 화장사 경내에 있는 고인돌(대구시 기념물 15호)이 가장 크다. 무덤이라는 인상을 잠시 접어 두고 고인돌을 바위로 여긴다면 우람하고 어딘가 멋 내는 것이 멋쩍어 보이는 그 속이 궁금해지지 않을 수 없다. 상상과 은유의 대가 바슐라르는 "잠시라도 바위 속에서 살아 본다면, 우리는 얼마나 많은 약점들을 잊을 수 있겠는가"라고 읊었는데 고인돌을 바위로만 볼 때 이런 상상은 우리가 얼마나 약점 많은 인간인가를 새삼 느끼게 해 주는 것 같다. 한때 박수동 화백이 그린 인기만화 제목이 '고인돌'이었다. 무척 정감가는 글과 그림이 아직도 기억 속에 생생하다.

81. 고인돌

82. 현풍 석빙고

잔디는 햇볕을 산란시켜 석빙고 겉치장에는 그만이다. 그런 잔디가 차분히 안착해 미끈해 보이는 봉분같은 겉모습. 가운데 공기를 순환시키는 역할을 하는 네모난 돌 환기구 두 곳이 이곳이 석빙고임을 은근히 알린다. 입구는 옹벽으로 쌓았고 내부는 무지개 모양의 홍예구조다. 원만하고 완만하게 돌과 돌이 이어져 저 아치형 곡선에서 어떻게 찬 기운이 밖으로 뺏기지 않고 안으로만 맴돌게 할까. 한여름에도 섭씨 0도를 유지하는 비법이 용타. 달성군 현풍면 상리에 있다.

보물 673호. 얼음 창고. 조선 영조 때인 1730년에 만들었다는 비가 발견돼 건립연대를 알게 됐다. 길이 9m, 너비 5m, 높이 6m. 아담한 사이즈다. 비슬산의 옥류가 겨울에 얼면 조심스럽게 캐다 보관했으리라. 바이런이 "12월에 장미를 찾고, 6월에는 얼음을 구한다"는 시를 이해할 때까지 음미해 보면 좋을 장소.

83. 성산리 고분군

달성군 화원읍 성산리 화원동산의 구릉에 있는 고분군. 크고 작은 고분 100여 기가 있다. 유연한 곡선의 무덤들이 줄지어 인간세에 무언가 할 말이 있는 듯 둔중하게 늘어섰다. 무덤이란 천사들의 발자국이라지만 그건 서양의 사고다.

우리는 이름 없는 무명시의 시조 "낙양성 십 리 밖에 울퉁불퉁 저 무덤에/ 만고영웅이 누구누구 묻혔던고/ 우리도 저리 될 인생이니 그를 슬허하노라"에서처럼 애잔한 허무에 가깝도록 노래 부른다.

고분 둘레에는 토성이 남아 있다. 규모가 제법 큰 고분은 밑지름이 20여m. 높이도 자그마치 4m에 이른다. 이 일대에는 청동기 시대 이래의 무늬 없는 토기와 돌로 만든 연모가 발견되기도 하는 등 오래된 무덤이라 덤덤하기도 하다.

핑계 없는 무덤이 없다 하듯이 다들 만들 때는 사연이 있었으리라. 그 사연들이 이제는 역사로 변환돼 고분군으로 거듭나고 있을 뿐이다. 도굴의 흔적들이 그저 안타깝다.

83. 성산리 고분군

84. 문산리 고분과 나루터

　달성군 다사읍 문산리에 있다. 이곳은 낙동강을 사이에 두고 대가야의 왕경이었던 고령군과 마주하고 있다. 그 때문에 신라는 마립간기부터 대가야와 접경을 이루는 이곳 낙동강 연안의 구릉에 성곽을 쌓고 방어선을 구축했으며 지난 2000년 발굴 작업이 이뤄졌다. 이때 금동관을 비롯 관모, 말갖춤 등의 장신구와 생활용구들이 출토돼 이 지역에서도 독특한 문화권이 유지되었음을 알 수 있다.

　또 낙동강변에는 문산나루터가 발달돼 인근 지역과의 왕래도 빈번했음을 보여준다. 지금은 그 흔적만 남아 다소 쓸쓸한 모습이지만 그 옛날의 번성을 상상해 볼 만한 장소이기도 하다.

84. 문산리 고분과 나루터

85. 400년 전 곽주부부 편지와 옷

지난 1989년 4월. 현풍곽씨 19세손 곽주(1569-1617)의 두번째 부인인 진주하씨 묘 이장 때 미라 상태의 시신이 발굴됐다. 더 놀라운 사실은 무덤 속에서 아름다운 우리 옷과 한글편지 172통이 함께 나온 것. 이들은 국립대구박물관에 진열돼 있으며 중요민속자료 229호로 지정됐다.

편지는 이들 부부가 전처 아들과의 화목을 위해 인근에 살림을 따로 마련, 별거 아닌 별거를 하면서 주고받은 편지가 대종을 이루며 그 외에 시집간 딸이 어머니에게 보낸 편지, 친정어머니가 딸에게 보낸 편지들이다. 특히 남편이 부인한데 보낸 편지는 105통에 이르지만, 부인이 남편한테 쓴 편지는 6통에 불과하다. 더 주목 받는 것은 이들 편지가 사적인 기록에만 그치지 않고 당시의 시대상을 엿볼 수 있는 내용들이 너무 많다는 점이다.

예를 들면 죽엽주 담그는 요령이라든지 포도주 만드는 법을 비롯 양반가의 손님맞이 상차림이나 옷차림 등이다. 주로 곽주의 편에서 적은 것들이 많다. 과거길에 보낸 편지는 아버지의 병환을 우려하는 효성이 지극함을 보이고, 남아선호가 극심했던 당시에 되레 부인에게 "딸을 또 낳아도 절대로 마음에 서운히 여기지 마소" 라는 등 아내를 위로하는 자상한 가장의 면모는 퍽 감동을 준다.

사진 : 국립대구박물관

"내 사랑 남 주지 말고 남의사랑 탐치 마소/ 우리 두 사랑에 잡사랑 섞일세라/ 일생에 이 사랑 가지고 괴어 살려 하노라". 전해 오는 무명씨의 시조 한 수가 절로 읊어지는 연분 좋은 곽주부부다.

곽주부부의 사랑 이야기를 다룬 뮤지컬 〈인연〉

곽주부부의 사랑 이야기를 다룬 뮤지컬 〈인연〉

86. 달성 인문학 총서

　최근 들어 인문학이 대세다. 오히려 너무 광범위하게 쓰여 실용과 학문 사이에 새로운 고민거리가 되지 않나 하는 걱정도 있지만 그러나 인문학은 그야말로 여러 분야의 학문들을 자유롭고 진지하게 자기의 삶 속에 녹아들게 만드는 학문으로 받아들이면 될 것 같다. 소위 문사철에서 여기다 언예종(언어, 예술, 종교) 까지 더해 엄청난 범위를 소화하기는 다들 무리다. 그저 평범한 사람들에 대한 광범위한 교육으로 생각한다면 좋을 듯.

　달성문화재단은 방대한 7권의 군지를 3년간의 각고 끝에 만든 후 그 후속 작업으로 향후 10년간 50여 권에 이르는 달성 인문학 총서 '대구의 뿌리 달성 산책' 시리즈를 펴내기로 했다. 지금까지 '달성의 마을이야기', '사문진과 한국 첫 피아노', '강정 대구현대미술제' 등 10여 권을 펴냈고 해마다 4~7권 정도를 펴낼 계획이다.

　영국의 시인이자 소설가였던 리턴은 "법은 사멸하지만 책은 불멸"이라고 갈파했는데 이를 믿고 싶다.

사진 : 달성문화재단

87. 사효자굴

　달성군 유가면 양리에 있는 육중한 바위로 둘러쳐진 천연동굴. 임진왜란 당시 의병장이었던 홍의장군 곽재우의 4촌 동생인 재훈의 네 아들 결, 청, 형, 호 네 분의 효에 관한 소중한 이야기를 간직하고 있다. 왜병들이 이 굴을 지날 때 재훈의 기침소리에 당장 나오라며 호통치자 효성이 지극한 아들들이 아비를 대신해 차례로 나아가 죽임을 당했다. 왜병도 그 사실을 뒤늦게 알고 아들들의 효성에 감동, 아비를 풀어 주면서 '4효자의 아버지'라고 칭송했다는 것. 그리고 다른 왜병들도 아버지는 죽이지 못하도록 했다는 것. 마을 사람들이 굴 앞에 '사효자굴'이라는 비석을 세우고 지극한 그 효성을 추모했다.

　한영의 '한시외전'에 전하는 고어皐魚라는 사람의 후회시가 생각난다. "'수욕정이풍부지 자욕양이친부대樹欲靜而風不止 子欲養而親不待.' 나무가 고요하고자 하나 바람이 그치지 않고, 자식이 효도하고자 하나 아버지가 기다리지 않는다는 말이다." 효성이 지극했던 아들 네 분을 위해 오래전에 미리 지어둔 시 같다. 효도는 모든 행실의 근원이며 인을 행하는 근본임을 보여주는 일화다. 예로부터 달성군이 충효의 고장임을 알 수 있는 이야기이기도 하다.

88. 마천산 봉수대

달성군 다사읍 이천리와 하빈면 현내리 경계인 마천산 정상에 있다. 해발 300여m. 돌담으로 둘러싼 흔적이 남아 있다. 최근에 정비한 모습. 일부에서는 박곡리 쪽이라는 주장이 있다. 좀 더 학술적인 연구가 필요한 부분이다.

낮에는 연기, 밤에는 횃불 등 불빛을 사용해 위급한 정세를 중앙에 전달했다. 봉수의 신호 전달 방법이 재미있다. 오거법이다. 평상시에는 1개, 이상한 선박이 나타나면 2개, 가까이 오면 3개, 국경을 침범하면 4개, 접전이 일어나면 5개를 사용했다. 봉수대 인근으로 마천산 등산길이 좋아 많은 이들이 찾는다.

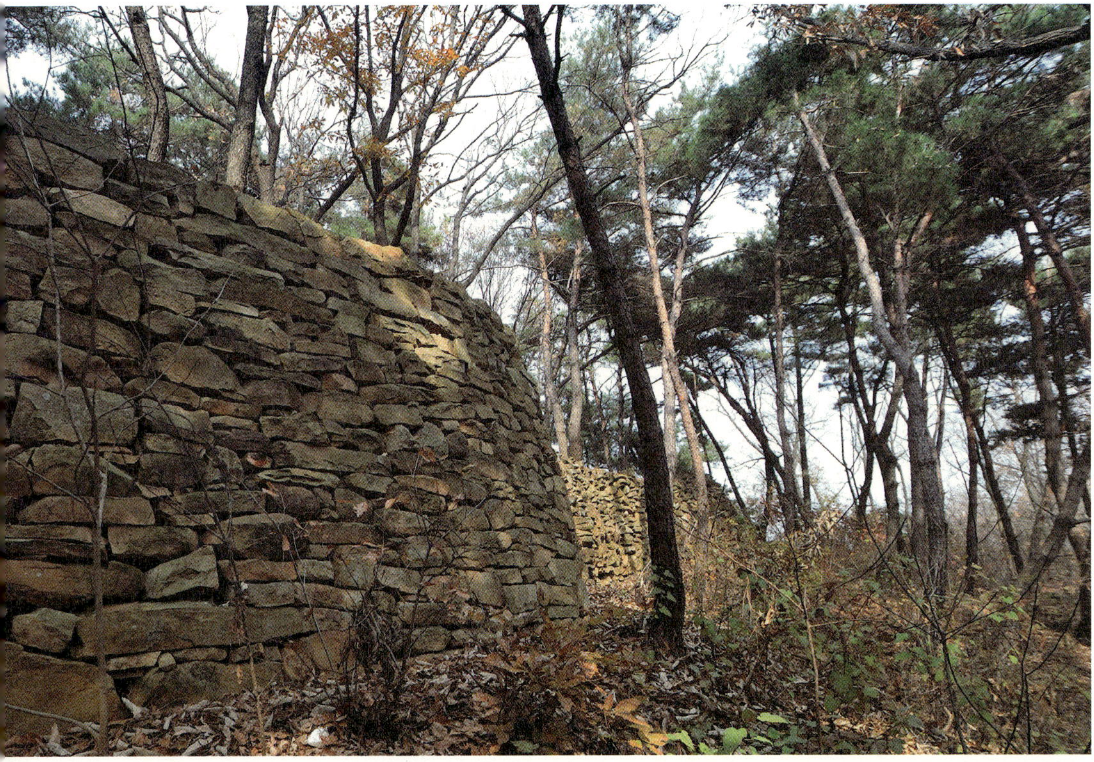

마천산 봉수대터(馬川山 烽燧址)

위 치 : 대구광역시 달성군 다사읍 이천리 산40번지 일원

옛날부터 봉수(烽燧)는 햇불과 연기를 이용하여 급한 소식을 전해온 통신수단을 말하며, 낮에는 연기로 밤에는 불빛으로 신호를 보냈다고 한다. 이 곳 마천산 봉수대는 경상도 동래에서 한양을 잇는 제2로의 간봉으로서 조선시대 초기 축성된 것으로 추정된다. 남쪽 화원 성산봉수의 연락에 응하여 북쪽 칠곡 각산봉수로 연락하였으며 오장(伍長)2명과 봉군(燧軍)6명이 상주했던 것으로 추정된다.

봉수의 신호전달방법(擧火法)은 오거법으로 평상시에는 1개, 이상한 선박이 나타나면 2개, 가까이 오면 3개, 국경을 침범하면 4개, 접전이 일어나면 5개로 하였다고한다.

• 봉수대 복원도(상상도)

88. 마천산 봉수대

89. 초곡산성

비슬산 초곡산성에 가는 길은 결코 만만치가 않다. 비탈지고, 가파른 편이다. 여기다 남쪽은 큰 바위들이 적벽을 이뤄 더욱 힘들다. 능선을 찾아 오르면 그로부터는 평탄하다. 전망도 좋다. 간혹 칼날처럼 날카로운 길도 만난다. 가을이면 억새밭이 일품이다. 작은 돌무더기가 흩어진 듯 듬성듬성 보이고, 억새밭을 헤쳐 조금을 가면 길쭉한 타원형 모양의 성이 어렴풋이 드러난다.

성 아래 인근의 양지마을과 초곡리. 성의 북쪽과 서쪽은 큰 돌이 솟구친 듯한 바위를

성벽처럼 의지해 자연지물 그대로를 이용했다. 높은 바위는 7m에 가깝다. 폭이 3m 정도니 정말 큰 바위다. 남쪽 끝자락에는 성의 원형이 많이 남아 비로소 성임을 알아차릴 수 있다. 이 밖에도 곳곳에 성이었음을 알리는 성문과 망루의 흔적들이 있다. 돌무더기들도 꽤 보인다. 작은 돌무더기는 힘센 장수들이 던지기에 알맞다.

이 선성을 두고 인근 마을에서는 이름들을 제각기 부른다. 소가 누운 형상이라서 '와우산성'이라 부르고, 모양이 개구리를 닮았다 해서 '와와산성'이라고도 하고, '양동산성'이라고도 한다. 자연지형과 자연물을 이용해 성을 쌓은 섬이 특이하다. 삼국시대 이전에 축성됐다는 견해도 있다.

90. 다사12차진굿

달성군 다사읍 세천리 일대의 마을에서 행해지던 일종의 풍물굿 혹은 굿풍물. 조상 대대로 이어져 오고 있다. 혹시나 이 끈을 잇지 못할까 4대 상쇠인 배기순씨의 자제 관호씨가 '보존회'를 꾸려 그 단장을 맡고 있다.

비교적 가락과 놀이가 잘 전승되고 있다는 평가다. 경상도의 모의 군사굿 특징에 따라 박력 있고 힘찬 가락이 잘 표현돼 있다. 즉흥적인 가락 보다는 '마치굿가락'이라 하여 가락을 질서정연하게 풀어 간다. 경상도 덧배기 가락이 익은 듯 느린 살풀이나 빠른 자진살풀이, 막다 드래기, 영산 드래기 등 느긋할 때나 빠르고 경쾌할 때나 그 흥겨움은 자못 유쾌할 지경이다. 마지막의 노래 굿인 칭칭이 굿과 사대부양반춤, 해학적인 광대 춤, 색시 춤에서도 신명은 하늘을 찌른다.

90. 다사12차진굿

91. 설화리 상여소리

달성군 화원읍 설화리에서 전승해 오는 전통 상여소리. 도시에서 이런 상여소리가 보존돼 왔다는 것은 놀라운 일이다. '열반경'에도 보이듯이 생자필멸의 이치는 어느 누구도 어쩌지 못한다. 이를 구슬픈 가락으로 다듬어 부르는 상여소리. 설화리 상여소리도 4대째 마을 어른들과 소리꾼 오상석 옹(82)에 의해 전수돼 오면서 아슬아슬 이어가고 있다. 잡소리가 섞이지 않아 더욱 가치가 높다는 학계 전문가들의 평가다.

부모로부터 태어나 저승에 이르기까지 인간의 생로병사와 그에 따른 인과응보를 처량하고 무상하게, 구성진 가락으로 풀이한다. 노제 지낼 때 소리, 오르막 올라가는 소리, 내리막 내려가는 소리, 강다리 건너는 소리, 오솔길 가는 소리에 이어 산소를 밟으며 다지는 다리소리 등 구성진 음색에 모두가 경건해지지 않을 수 없다. 설화리에는 전통 상여도 있다.

"죽음이란 예술이며 나이가 차면 차차 배워 두어야 한다"는 헉슬리의 말이 실감 난다. 그만큼 설화리 상여소리는 예술이며 볼수록 들을수록 나이 들면 이를 배워두는 것도 정말 죽을 줄 아는 사람이려니 하는 마음이 생긴다.

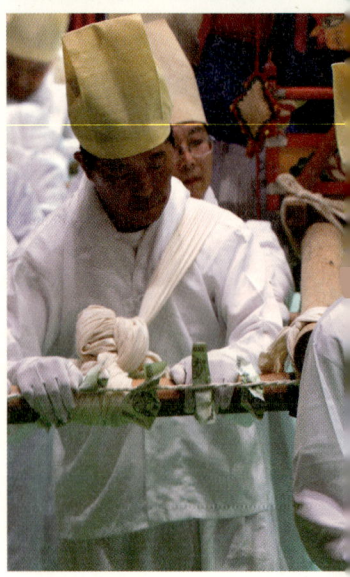

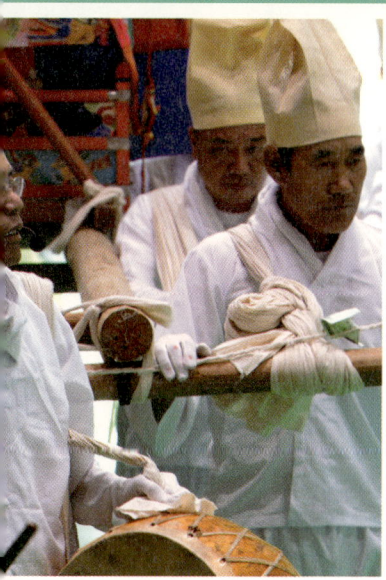

91. 설화리 상여소리

92. 하빈 들소리

　달성군 하빈면 하빈들 일원에서 전승된 농업노동요. 2008년 대구광역시 무형문화재 16호로 지정됐다. 이 지역에서 구전되는 농요를 여덟 마당으로 정리했다. 일 년 농사의 시작을 알리는 가래질 소리를 시작으로 '망깨' '목도' '모심기' '논메기' '들길' '타작' '지나칭칭나네' 소리 등으로 구성됐다. 농사일로 힘들 때 부르는 노래지만 그 때문에 노동의 댓가는 늘 힘든 만큼 넉넉하다. 러스킨은 "기쁨이 없는 노동은 비천하다. 슬픔이 없는 노동도 그렇다. 노동이 없는 슬픔은 비천하다. 노동이 없는 기쁨도 그렇다"고 했는데 하빈 들녘의 하빈 들소리를 들으면 이 말이 뭉클해진다.

92. 하빈 들소리

93. 이천농악

　달성군 다사읍 이천리 주민들이 예로부터 정월대보름날 음지마을과 양지마을로 나뉘어 농악 겨루기를 하던 것에 그 기원을 두고 있다. 사라질 뻔한 노랫말과 가락, 연희과정을 구전과 역사적 자료 등을 토대로 80년대부터 수집해 복원하고 지역민들과 함께 농악단을 구성해 오늘에 이른다. 쟁기로 번창하려는 사람은 스스로 쟁기를 잡거나 몰아야 하듯이 순

수한 농민들이 모여 오색 깃발이며 큰 북들의 우람한 소리 등이 풍성한 꽃모자 춤과 어울려 흥을 돋우면 한 해 농사는 늘 풍년이려니. 1년에 한두 번 정기공연과 축제 참가 등으로 옛 맛과 멋을 잊지 않으려 노력하고 있다.

94. 성악중창페스티벌

'음악이 가장 세련된 예술'이라는 비트겐슈타인의 말에는 다른 장르는 그 외관적인 복잡성이 윤곽을 드러내기 마련이지만 음악은 그것을 침묵하기 때문이란 뜻이 담겼다. 음악은 그래서 좋은 것이다. '공자가어'에도 "군자가 음악을 좋아하는 까닭은 교만한 마음을 없애기 위함이고, 소인이 음악을 좋아하는 까닭은 두려운 마음을 없애기 위함"이라고 했다. 가파른 현대는 늘 두려울 때가 많다. 음악이 더욱 필요하다.

달성군은 전국에서 유일하게 '성악중창페스티벌'을 열고 있다. 독창이나 합창제는 많

아도 여럿이 부르는 중창 축제는 아직 없다. 우리나라, 특히 대구만 해도 성악인들이 많다. 오페라, 뮤지컬이나 독창회에다 합창제까지 합하면 그 무대가 모자랄 지경이다. 그래도 성악인들은 늘 무대가 좁다고 한다.

    2013년 중창단 7개 팀이 대구오페라하우스에서 첫 무대를 가진 후 '성악중창페스티벌'은 자리를 잡아 가고 있다. 비록 달성군 내에는 그럴만한 공연장이 없어 오페라하우스를 빌려 열고 있지만 그 앙상블로 인해 대구시민과 달성군민들이 행복한 모습을 보일 때가 가장 좋다. 그 모습에는 교만함과 두려움이 전혀 없다. 노래의 힘이다.

95. 정월대보름 달집태우기

　음력 정월대보름의 세시풍속이 엄청난데도 지금껏 남아 있는 게 몇 안된다. 귀밝이 술, 부럼 깨물기, 오곡 밥, 줄다리기, 연 날리기, 더위팔기, 제웅 치우기 등등. 그런 가운데 대보름 달집태우기는 곳곳에서 남아 야단들이다.
　달성군에는 마을단위 등 여러 곳에서 해마다 음력 정월대보름이면 달집태우기 놀이를 한다. 새해의 무사안녕과 액운을 태워 버리고 하는 일마다 불꽃처럼 타오르기를 희망하면

서다.

 몇 해 전부터 달성군 논공읍 달성보에서 대대적으로 열려 쥐불놀이와 풍물놀이를 곁들여 새로운 세시풍속으로 자리를 잡아 가고 있다. 정월대보름 달집 태우며 휘황한 불꽃으로 많은 이들이 열매를 맺었으면 좋으련만.

96. 천왕당과 부덕불

천왕당은 달성군 논공읍 불리에 있는 제당으로 이 지역의 안녕을 기원하기 위해 세운 것. 상량문에 따르면 1853년 건립된 것을 알 수 있다. 당초에는 남리에 세워졌던 것을 1924년 현재의 위치로 옮겼다. 2006년 대구광역시 민속자료 5호로 지정됐다.

정면 1칸 측면 1칸이지만 겹처마 맞배지붕으로 지었다. 삼면이 자연석 돌담으로 둘러싸였고 주위를 노송이 에워싸 신성한 기운과 뭔가를 이루려는 애틋함이 느껴진다. 여느 신당과는 느낌이 다른 친근감마저 느껴진다. 자연석 초석 위에 민흘림 원기둥을 세웠다. 치목도 치밀하여 결구 상태가 매우 견실해 보인다. 당호는 '천왕당'이지만 신당에는 '당산천황', '마당천황' 신위라 적힌 위패가 모셔져 있다. 해마다 정월보름과 칠월칠석에 동제를

지낸다.

    부덕불은 달성군 논공읍 노이리 갈실마을에 있다. 이 마을 함안조씨 집안에 행실 바른 며느리가 있었다. 어느해 마을에 돌림병이 돌아 불행하게도 시부모와 남편을 잃는다. 몇해 뒤에는 마을에 심한 가뭄이 들어 마을 사람들은 하늘만 원망했다. 그러자 이 며느리는 집안 보물인 은거울을 내놓고 그 돈으로 큰 연못을 팠다. 그때 큰 돌이 못 가운데 버티고 있어 이 돌을 들어내니 비가 쏟아지기 시작했다. 온 마을 사람들이 좋아라 환호하는데 갑자기 며느리가 숨을 거둔다. 이 빗물로 그해 농사는 대풍이었다. 마을 사람들은 며느리에게 감사하는 마음으로 못에서 나온 큰 돌로 며느리 모습을 만들어 그 뜻을 기리고 이를 부덕불婦德佛이라 불렀다. 그런데 몇 해 전에 그 부덕불이 사라졌다. 달성군은 최근 조각가 오채현씨에게 의뢰해 이전 것 보다는 조금 큰 부덕불을 만들어 지금의 자리에 놓았다.

97. 텍폴맘

젊은 도시 달성군의 새로운 랜드마크라면 거대한 상징물이 아니라 젊은 엄마들의 움직이는 활동이다. 그중에서 단연 돋보이는 텍폴맘. 지난 2012년 '유가맘카페'로 시작한 '텍폴맘카페'는 초창기에는 새로운 아파트가 밀집한 테크노폴리스 단지를 중심으로 시작됐지만 지금은 현풍, 구지, 논공, 다사까지 아우르며 생활정보 공유카페로 발전했다. 플리마켓을 비롯해 유아물품, 핸드메이드 제품 등 젊은 엄마들의 눈높이에 맞춘 다양한 공유 활동으로 수익금이 생기면 그 중 일부는 불우이웃을 돕는 등 사회복지 후원활동도 활발하다. 벌써 1만여 명에 이르는 회원들이 함께 생활정보를 공유하고 있다.

사진 : 박정현 제공

사진 : 박정현 제공

사진 : 박정현 제공

사진 : 박정현 제공

97. 텍폴맘

98. 화원시장·현풍시장

시장에는 풀이 돋아나지 않는다고 한다. 전통시장인 화원시장에도 몰리는 인파에 풀이 돋아날 사이가 없다. 1일과 6일에 서는 5일장. 시골 인심이 훈건히 묻어나는, 대구 근교에서는 가장 역사가 깊은 전통시장 중 하나다. 자연발생적으로 생겨난 시장이다. 달성군 화원읍 천내리 일원. 100여 m 길이의 시장 골목은 장날마다 난장이다. 있을 건 다 있고 없는 거는 없는 시장이다.

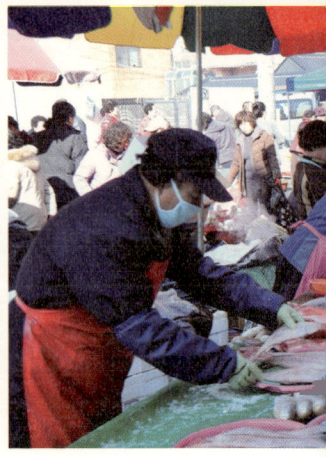

조선시대 보부상에 의해 저절로 형성된 현풍시장은 일명 백년도깨비시장으로 불린다. 한때는 전국에서 굴지의 우시장으로 이름났다. 5일과 10일에 서는 5일장. 주말에는 주말시장도 열린다. 5일장과 주말 장을 혼용해 도깨비처럼 신출귀몰한 영업 전략으로 운영된다 해서 도깨비시장이라 불린다.

99. 달성의 맛과 하향주

　예로부터 황해도 해주곰탕, 전라도 나주곰탕, 경상도 현풍곰탕을 일러 우리나라 3대 곰탕이라 불렸다. 지난 1950년대부터 현풍에서 곰탕의 맥을 이어온 박소선할매곰탕은 지금도 종일 전국에서 밀려드는 손님들로 북새통이다. 벌써 3대째. 비슬산 발우 비빔밥도 사찰음식에서 힌트를 얻은 달성군이 의욕적으로 개발한 것으로 요즘 유행인 웰빙에 접목시킨 히트작. 그릇은 스님들이 사용하는 발우 스타일로 제작했으며 무채색 계열의 식재료를 사용한다. 화학조미료나 자극적인 오신채도 없다.

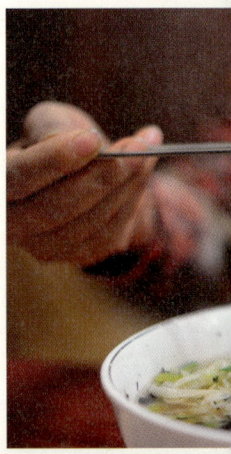

　달성군 하빈면의 동곡칼국수도 4대째 50여 년간 변함없는 맛을 보이고 있다. 대구 지역이 전국에서도 유명한 칼국수 집이 가장 많다. '할매'라는 할머니의 경상도 발음이 칼국수와 궁합이 잘 맞는 것 같다. 돼지수육을 곁들이면 제격이다. 강정·문산·부곡 매운탕도 낙동강이 가까워 그런지 유명하다. 대구도시철도 2호선 종착역인 문양역 주변에 매운탕 집들이 많다. 대구10미에도 선정돼 있다. 달성의 맛에 가창 찐빵골목도 뺄 수는 없다. 달성군 가창면 용계리 일대는 찐빵을 찌느라 무럭무럭 나는 김이 무척 구미를 당긴다. 그 김 속에는 구수한 찐빵의 내음이 아이들을 못 견디게 한다.

　하향주. 달성군 유가면 음리 밀양박씨 종가에서 전승된 가양주다. 대구광역시 무형문화재 제11호. 국화, 찹쌀, 누룩에 비슬산의 맑은 물로 빚어져 술에서 연꽃 향기가 난다해서 붙여진 이름이다. 연 녹차 색깔. 약리작용도 뛰어나다는 평가다. 손에 한 방울이라도 묻으면 끈적거릴 정도로 진하다.

99. 달성의 맛과 하향주　　　265

100. 달성 아리랑

　요즘 아리랑이 대세다. 유네스코 인류문화유산으로 등재되면서 아리랑 문화는 가히 한국을 넘어 세계적이다. 우리 노래에서 아리랑만큼 특색 있고 아름다운 노래도 드물다. '달성 아리랑'도 우리들의 아리랑이 지닌 흥겨움과 달성의 삶들이 고스란히 녹아든 가사와 곡이 모두를 한마음으로 묶어 두게 한다.

　'달성 아리랑'은 피아노가 우리나라에서 맨 처음 들어온 달성군 화원읍 사문진나루에서 이를 기려 '달성 100대 피아노'에 연출을 맡은 풍류 피아니스트 임동창이 한 해를 고스란히 고심한 끝에 직접 작사와 작곡을 한 노래다.

　이제 막 시작된 '달성 아리랑'이지만 아리랑을 둘러싼 우리들 삶 속 깊이 내재한 정서와는 결코 다를 리 없다. 참꽃과 사문진나루터, 비슬산, 낙동강, 들녘 등 노랫말 하나하나 모두 달성 사람들에게는 소중하지 않은 것이 없다. 달성군민들에게 그들만의 '아리랑'이 있다는 사실 하나만으로도 긍지가 느껴진다.

달성 아리랑

(피아노 아리랑)

작사 임동창
작곡 임동창

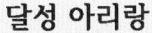

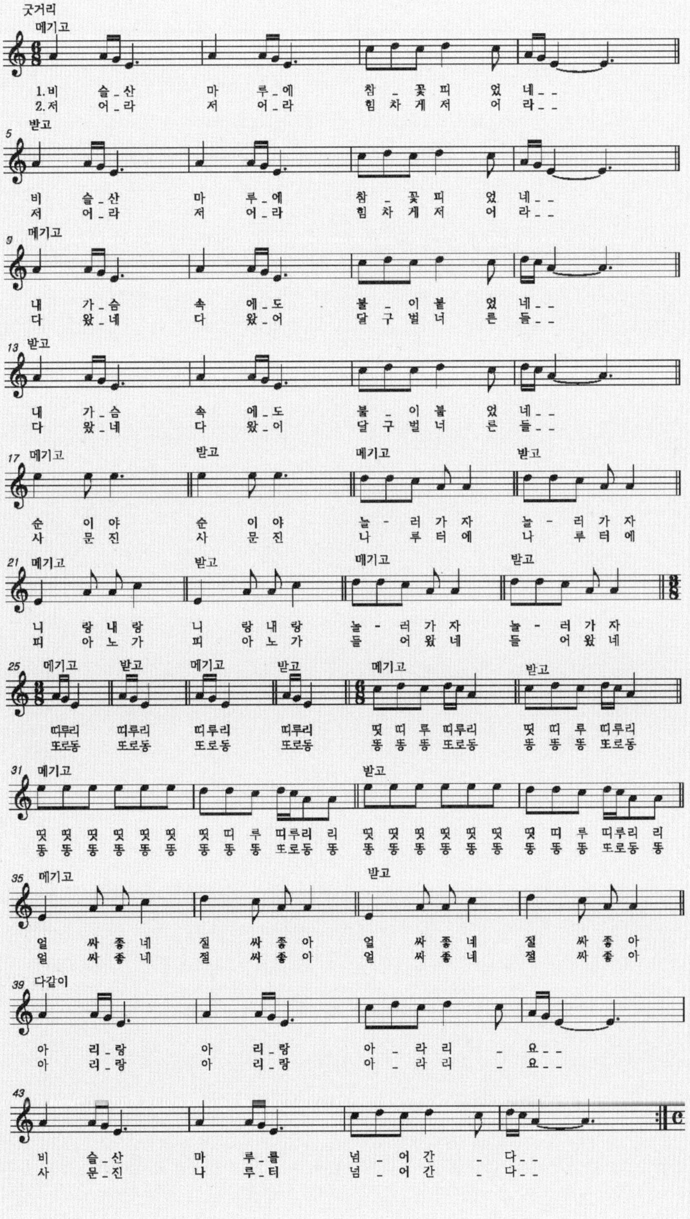

사진 김 대 식

1953년 달성 구지 생
경북대학교 사범대학 졸업
중·고등학교 교사 재직(대구, 경북권)
전국사진공모전 입상 다수, 사진동호회 합동 전시회 다수
달성군 블로그 기자 및 사진 강사 現

글 김 채 한

1949년 경북 경주 생
영남대학교 공과대학 졸업
매일신문 대기자大記者
경북도문화상
달성문화재단 대표이사 現